（上）栃木県のニュー・セント・アンドリュースGCJ。パインバレーの18番と同じくバンカー群に囲まれ隆起したグリーン。難度高いセカンドショット。
（上中）ゴルフコース写真家ブライアン・モーガンが写真集に載せたパー3の14番。

（右）本場セント・アンドリュースの町にあるオールド・トムのお墓。ゴルファーの巡礼が絶えない。

（上）丘の上から見下ろすロイヤル・ポートラッシュ。思わず、皆さんから歓声が上がる。2019 年全英オープン会場。（下）世界でトップランクに入る格調高きロイヤル・カウンティ・ダウン。時にマキロイたちがプレーする。

（上）世界一の評価を100年続けるパインバレーＧＣの18番ホール（下）パインバレーの８番ホールは立派な２グリーン。それだから易しいとは誰も言わない。

（上）小平智が米国ツアーで初優勝したハーバータウン・リンクス（フロリダ）（下）オーガスタナショナルＧＣ 11番パー３　風が読みにくく毎年マスターズのドラマを生むホール。

（上）2000年に日本企業から買い戻して、タイガーがぶっちぎりで全米OP優勝したコース、ベブル・ビーチ・ゴルフ・リンクス（下）その隣にある完全プライベートコース　サイプレス・ポイント。海越えのパー3が15番16番と続くA・マッケンジーの設計。

（下）全米オープン・ドクターのリース・ジョーンズが手を入れ、富士山がよく見えるようになった太平洋御殿場コース（撮影 TAKU MIYAMOTO　太平洋クラブ提供）

（上）夕立でひと休みしている間に、カリブの青い空と海、白い砂浜、緑のゴルフ場の上に掛かった虹（右）ゴルフに疲れたら半日ハンモックで過ごします。以上@ ABACO
（下）カリブ海の真ん中ピート・ダイの代表作。ドミニカ共和国の難しいコースまでやってきました。

トランプ・ナショナル（ニュージャージー）のナイヤガラの滝前で、ゴルフの師匠大塚和徳さんと角田武夫さんと。

（左）2011年全英オープンが開催されたロイヤル・セント・ジョーゼズで初日から注目浴びたヤング・トムの一家　（右）元全英チャンプジョン・デイリーはオールドコースで予選落ちするとプロアマに参加。子供たちにきちんと対応できるプロ。（下）霞が関ＣＣ東10番ホールにて。アメリカからボブ・マッコイさん、広島から井上久美子さん、支配人と私

（上）日本一のコース廣野ＧＣを大改造したマーチン・エバートは、自転車でコースを駆け巡る（本人のインスタグラムから）

（上）世界的なゴルフカメラマン、ブライアン・モーガンがぜひ使ってくれと言ってくれたスコットランドの虹。マクリハニッシュ GC にて。

（下）ゴルフスイングどころか存在そのものが美しいタイガー・ウッズ。2007 年オークモントＣＣにて。

ゴルフ文化産業論

――自然へ帰ろう

【SPECIAL THANKS】

REES JONES
PAT RUDDY
BOB McCOY *
BRIAN MORGAN *
MARTIN EBERT *

故・大塚和徳*
故・片桐達浩
故・田野辺薫
故・降旗貞夫
故・中部銀次郎
故・角田武夫
故・岡田正嗣
故・柴田敬三

内田貴
阪田哲男
片山哲郎
宮本卓*
野老真理子
小池信雄
田中清行
唐津仁

韓昌祐
韓俊ほか
太平洋クラブの皆さん*
河合弘之・竹内康二ほか
さくら共同法律事務所スタッフ
石井渉
畠山梅子

（順不同・敬称略）

*印の方には一部写真の提供を受けた。その他の写真は、著者撮影もしくは著者所有のものである。

目次

プロローグ——見てはいけないものを見てしまった

最近、よく行くゴルフコースは、バブル期に企画された一流設計者の手になる比較的新しいゴルフ場である。

だから池や大きなバンカーがあり、その向こうに隣のホールが丸見えのところがあったりする。

ある日ふと、隣ホールからその問題ホールに目がいったのだ。そこで見てしまったのだ、うわさの「卵ポロリ」の現場を……。

私たちアマチュアは、スロープレーを防ぐため、予備球を１、２個ポケットに入れてプレーをする。でもそれが時に、悪魔のささやきに負けてしまう。ゴルフではあってはならないプレー中のニューボール登場、つまり「卵ポロリ」なのだ。

〝犯行現場〟は、左に曲がるドッグレッグの短い多少打ち上げのパー４のグリーンまわり。

２打目の左折部分から、ブラインドの林越えをショートカットすると、グリーン左手前にある小高い山に落ちやすい。

ひとりの男が、ショットを左に曲げたらしく、グリーンに向かって急いでいる。他の３人はまだセカンドショットを打ってない模様。男がグリーン近くまで来ると、キャディさんが、

「もっともっと左よ」

と叫んでいる。ところがその男、左を捜すこともなく後ろを振り返り、仲間から見えないのを確認すると、ポケットからボールをグリーンまわりにポロリ。そして、だめ押しするかのように、

「あった。あった。木に当たって出てきたみたい」と叫んだのだ。

このゴルフ場は東京近郊では料金が高いといううわさのゴルフ場で、来場者には一流企業役員クラスが多い。そんな人たちもささやかな握りゴルフをやっているはずだが、こんな仕掛けがあると連れの3人はわかっているのかしら。

卵ポロリの紳士は、まさか私が隣のホールから目撃していたとは知らない。しかし、誰が見ていようといまいと、ゴルフ・ルールの基本中の基本が、

「あるがまま」「自己申告」

つまり、「自分が恥ずかしい」ことはしない。それがルールだ。

昔から、ミスショットをすると必ずさっさと先に行ってボールを「発見」する輩はいた。ズボンのポケットに穴を開け、ボールがズボンのなかを通って落ちる仕掛けになっている。それを防止するため、昔のゴルファーはニッカポッカをはくようになったと聞いたことがある。真偽のほどは不明。

ニッカポッカの時代の球聖といわれたボビー・ジョーンズは、1打を争う全米オープンの最中、ラフからのセカンドショットのアドレスに入ったところ、ちょっとボールが動いてしまった。彼はワン・ペナルティを申告、プレーオフで負けたことがある。

１９２５年、ボストンのウースター・カントリークラブでのことであった。好奇心の強い私は、70年後、そのホールの現場まで見に行ったのだ。11番ホールの記念碑には「ゴルフ精神の決定的瞬間」とあった。

誰かが見ていたのか?

誰も見ていない。同伴プレーヤーもギャラリーも見ていなかったのに彼はペナルティを自分で課した。彼いわく、「泥棒しなかったとほめないでほしい。当然のことをしたまで」と。

有名なエピソードだ。空からゴルフの神様はちゃんと見ていることを忘れてはいけないのだ。

ズルして勝っても必ずその報いは来るし、不正はいつか暴かれ、その人に致命的な汚点として生涯つきまとう。重大なマナー違反も同様の扱いが返ってくる。

特にゴルフは一生のものだ。ハン

ウースターCC11番ホールの記念碑には「ゴルフ精神の決定的瞬間」とある。

ディキャップをごまかして勝った人が、世界中で悪いうわさの対象になってしまうのが、ゴルフの世界なのだから。

わが国のトップに長く君臨したゴルフ好きの人物が、アメリカ大統領トランプを日本の名門霞ヶ関カンツリークラブに招待したとき、バンカーから出ようとして仰向けに1回転して墜落してしまった顛末を、はるか上空から神様ならぬテレビ局が撮影していた。

映像はあっという間に世界へ流れ、私もそれを見て嫌なものを見た思いがした。バンカーで2度叩いたヘボはどうということはないが、トランプがさっさと行ってしまうのをあわてて追っかけようとバンカーを駆け上がった(ゴルファーがバンカーのどこから出入りするかで、ゴルファーのレベルがわかるのだ。バンカーの高い壁を守るため、バンカーの出入りは低いところからするのがゴルフマナー)ところでひっくり返ってしまったように見えたのが嫌だったのである。そうとは知らぬトランプは、ホスト役の松山英樹と談笑している。アメリカ追従外交を漫画にしたような光景であった。

ゴルフで転倒しようが、バンカーからボールが出せなくなろうが、何も恥ずかしいことではない。恥ずかしいのは、こっそりズルしたり重大なマナー違反をすることだ。

２０２１年4月、松山英樹プロが、アジア人としてマスターズで初優勝した。そのマスターズの創始者がボビー・ジョーンズ。１９３４年に第1回が開催され、その第2回大会最終日の15番ホールにボビーと同じ歳の親友ジーン・サラゼンがいた。

松山がセカンドショットを飛ばしすぎて、グリーン奥の池に入れたホールだ。トップと3打差の2位。当時は485ヤードのパー5の15番ホールでサラゼンは、フェアウェイの右サイドにみごとなロングドライブを放つ。残りは池越えの235ヤード。4番ウッドで勝負に出た。2打でグリーンを狙う。ただし、完璧なショット以外は池に落ちると設計者A・マッケンジーが言うホール。ボールはグリーン上で2バウンドした後、転がってカップに。一気に3打を縮める「アルバトロス」だった。

そのバッフィー（4番ウッド）は、長らく廣野のゴルフ・ミュージアムにあったという。

プロ史上初の「キャリア・グランドスラム*」を達成し、97歳という長寿を全うした名選手の有名なエピソードだが、彼は、ボビーから学んだことについてこう言ったという。

「それは、ゴルフの技術などではない。ゴルファーとして、ひとりの人間として、いかにゴルフというゲームに対していくかという姿勢だった」

＊世界の４大メジャートーナメントに勝つこと。同一年とは限らない。

1章　ゴルフ新理論

ゴルフに魅了されたわけ

昭和末期、40歳を迎えようとしていた団塊世代の弁護士が、ゴルフなどというわけのわからないものをはじめてしまったところから、この物語ははじまる。

それまでゴルフなど無縁だったのは、日本の狭い国土の自然をゴルフ場が破壊しているという一般世論の側にいたからだ。そんなことを言っていた私にも、いやおうなくゴルフのお誘いが嵐のように来る時代になったのだ。

はじめは丁重にお断りしていたが、ある正月のこと。仕事のからみでいきなり関西の名門コースへ連れていかれ、ついうっかり「止まったボールを打つだけ」というナメた気持ちでクラブを握ったのがいけなかった。筆おろしで無残な経験。そんなはずはないと生来のアマノジャクな性格が頭を持ち上げてさらに墓穴をほった。

それからこっそり事務所近くの芝ゴルフ練習場通いがはじまった。

バブル期の練習場は超満員。すっかりゴルフにはまって、3年で目標のシングルハンディキャッ

パーにはなった。

　コンピュータが1ヵ月であっけなくシングルの通知をくれた。なんのことはない。ゴルフなんて大したことはなかった。そう思って、そこで目標を失いかけた。これ以上うまくなってどうする。たくさんのゴルフ場へもでかけ、たくさんの仲間もできて、まあこんなものだろうという感じである。

　そんなとき、ゴルフ仲間の小田和正*さんに栃木県にあるコースに連れて行かれた。

　ニュー・セント・アンドリュース・ゴルフクラブ・ジャパン（NSAJ）というコースだ。

　これが運のつき、というか、本当のツキというか、新しい世界のはじまりだった。

　日本で最初のジャック・ニクラス設計というこのおどろくべきコースでは、いきなりアウトの1番パー4で、7とか8がくるではないか。

　450ヤードと長い上に、右はグリーンサイドまで大きな池が広がっている。グリーンは細長く池に向

ニュー・セント・アンドリュース・ゴルフクラブ・ジャパン　アウト1番。

*元オフコースのリーダー。若いころ彼はピアノ、英語、ゴルフの練習に打ち込んでいた。

かって右に傾く。おまけに左は全部バンカーである。その左にはＯＢもある。

幸いＯＢを免れたって、バンカー左から池に向かってグリーンを狙うアプローチは、恐怖そのものだ。こんな1番、出合ったことがなかった。

アーティストの小田さんは、そのような尋常でない状況に強く惹かれるらしいが、私はマゾヒストではない。しかし、目が覚めた。メンバーになるしかなかった。

このコースには、ジャック・ニクラス設計の18ホールのほか、「オールドコース」というスコティッシュ・スタイルの9ホールがあったのである。

なるほど、ゴルフ発祥の地と言われるスコットランドのセント・アンドリュースの名が付いているわけがわかった。このコース、本家のゴルフ場のスタッフが来てつくったという。

そもそもゴルフのはじまりは、羊飼いたちの石ころ遊びだったといい、原っぱで石ころを棒でひっぱたいたらウサギの穴におちて、これは面白いというのではじまったらしい。

だから本場セント・アンドリュース・スタイルの「オールドコース」は、自然のままのゴルフの原型が表現されている。まさにマザーネイチャー造りたまいしゴルフコースなのだ。

「オールドコース」へは当時モノレールで往復していたのだが、往きと帰りでプレーヤーの顔色ががらりと変わるくらいのショックを受ける。

「オールドコース」だけではない。ここの27ホールすべてで、4人のうち最低ひとりは、毎ホール大トラブルにはまる。毎ホールというからすごい。とにかく曲げたらどうしようもないホールの連続だ。

大きな池と深いバンカー。最近は減ったが、深いラフがハザード（障害）とはこのことだったかという本当の意味を教えてくれるし、グリーンだって、大きなアンジュレーション（コース上の凸凹）があって気を抜けない。

これがゴルフか？　ゴルフそのものの考え方を砕かれるカルチャーショックだったのだ。

それからというもの、月例やクラブチャンピオン予選競技に出ても、ここでは長い間、ハーフ50を切れなかった。

プレッシャーがかかった瞬間、ゴルフの技術の未熟さが突然表面化して、ボールが散らばりはじめるのだ。つい最近もこのコースのグリーンまわりで、深いバンカーのふちに止まったボールを、左打ちするか、後ろを向いて打つか選択を迫られたことがあった。

したがってこのコースは、修行が足りない者に限りなくむずかしい課題を与えることになる。

でもリンクスランド＊ではじまったゴルフの原点は、そのような「一見不可能とも思える状況」に挑戦しつづけることだった。そのためにプレッシャーがかかったときに、曲がらないショットや寄せワン、そして入るパットを練習するのだ。そうしていると、ゴルフの神様はたまに機嫌のいいときには、その努力に対してごほうびをくれたりする。「心の底から楽しい」というごほうびだ。

心の底からの「楽しみ」であること、楽しみを求めること、それが、ゴルフの「文化」だったのだ。

そのようなことに気づきはじめた１９８７年ころから、現実世界で、ニュー・セント・アンドリュースのコースのような「一見不可能と思える状況」が起こりはじめた。

＊スコットランドやアイルランドの海岸にある荒れ地。

ゴルフ会員権という紙切れ「商品」

1987年ころ、関東地方でゴルフ会員権を買おうとしたら、1000万円以下の会員権などなかった。本当にそんな瞬間があったのだ。

まさにバブル、つまり「泡」の時代、今となっては紙くずに近いゴルフ会員権購入に、担保もろくに取らず、貸し込んだ金融機関が無数にあった。

ゴルフ会員権とは、会員制のゴルフ場の利用権（権利）で、「ナニナニ・ゴルフクラブ会員証書」と印刷された紙切れである。欲しい会員権が1000万円でも手に入らないということは、「株」の売買と同じで、わが国ではゴルフ会員権「相場」があったからだ。

こんな相場ができたのは、1963（昭和38）年ころ、日本経済が高度成長に向かった時代である。企業の営業部員は、ゴルフを営業のツールに使うようになった。ゴルフ会員権をもっていると営業になるというので、ゴルフ会員権の相場が上がっていった。このころから会員権を売り買いするマーケットが成立する。

それが「ブーム」になったのが1973（昭和48）年ころ。ちょうど尾崎将司、青木功、中嶋常幸が活躍したこともあって、一般の人も「株」と似たような感覚でゴルフ会員権を買うようになった。どんどん値が上がり、そしてついに1000万円をこえたのである。

1000万円で手に入れた会員権が、「2000万円で売れたよ！」「ゴルフ会員権は儲かるぞ」これがバブル期のゴルフ会員権騒動である。

だからみんな、銀行からお金を借りてでも会員権を買おうとした。普通はそんなことで銀行が簡単に金を貸さないのだが、１９８７（昭和62）年ころは、「いいですよ」とポンと１０００万円貸してくれた。なぜなら、そのゴルフ会員権が数ヵ月後に倍の２０００万円に跳ね上がっていると見込まれたからだ。数ヵ月で１０００万円が儲かるというのだから、猫も杓子も「ゴルフ会員権」にとびついた。ついには1億を超すところまではねあがり、「億カン」（1億を超えるカントリークラブ）といわれるゴルフ場が出現するまでに過熱したのである。

そして、バブル、つまり泡がはじけた。

はじけたのは、１９９０（平成２）年初めころ。わずか3年の狂乱劇だった。

日経平均株価（終値）が3万８９１５円という史上最高値をつけたのは、１９８９（平成元）年12月末。そのわずか９ヵ月後の１９９０（平成２）年10月には、あっという間に２万円割れ、半分にまで急落した。

なぜそんなことがおきたのか？

この具体的な話は後にくわしく記すとして、ここで言っておきたいのは、これがタダの「紙切れ」をめぐることだった点である。

ゴッホの「ひまわり」の絵をめぐって、53億円という値がついたことがある。これは物件そのものがどれくらいの価格になるかという競売の原理である。

この世のモノの値段は、売ろうという者（供給）と買おうという者（需要）による綱引きによって決まる。証券という紙切れも例外ではない。ただ、ここに落とし穴がある。モノは、どんな値に下がろうともモノ（実体）だが、紙切れは紙切れでしかない。ゴッホの絵がタダのキャンバス布地になることはないのだ。

　こうした紙切れを一般的に「金融商品」とよんでいる。金融商品は、現金に変えられる株とか、誰かにお金を払わなければならないと書いた契約書の総称だが、ようするに「物」ではなく「紙切れ」である。

　1000万円でも買えなかったゴルフ会員権をナントカ借金して手に入れる。手元にある証券は1000万だと思っていたら一瞬にして、100万円でも売れないただの紙切れになった。ところがしっかり残っているのは、1000万円という借金の方である。この借金はどっしりした実体に感じてしまう。

「この借金、どうやって返したらいいのか？」

　ゴルフ会員権が軒並み暴落していったのと同時に資産価値としてのゴルフ場そのものの価値も暴落した。あわてたのは銀行から莫大な資金を借りた法人・個人たちだ。

　彼らは、生き延びるためには、借金返済に追われることになる。ちょっとやそっとの借金じゃない。この時期、トータルで何兆円という借金になった。「返してくれ」と銀行は法人や個人に迫ったが、頼りのゴルフ会員権が二束三文では、担保にもならない。さあ、困った。借りた方も貸した方も困った。困ったそれを「不良債権」という。

　会員権の売却損が損益通算可能な時期はまだよかったが、会員たちのガス抜きも要らないと判断した財務省は、平成26年、会員権譲渡損について、損益通算制度*を廃止した。

＊会員権の譲渡損失を他の所得から控除して税金を安くできた。

私はかつて、ある本（『ゴルフ場　そこは僕らの戦場だった』２０１５年、ほんの木刊）で、バブル崩壊時に金融債権を含め30兆円以上といわれたゴルフがらみの不良債権が紙くず化して、どこにその反面利益が流れたのか、検討したことがある。それなりに金額の根拠も探し出して、推定できたのは、やはり常識どおり、外資系ファンドのひとり勝ちという結果（9章で詳述）であった。

ワリを食ったのは、ゴルフ会員さんたちとゴルフ場に資金を垂れ流した金融機関たちであった。

ゴルフ産業論からゴルフ文化論へ

ここで外資系ファンドが、どのようにして大もうけできたか、そのカラクリを説明しよう。（A）のカラクリ――。それは、民法で認められている「債権譲渡」なのだ。「サービサー」という債権買取業者が、この制度で大もうけしていいことを国が奨励したのだ。

この法律は、「債権管理回収業に関する特別措置法」、別名「サービサー法」という名で議員立法され、１９９９（平成11）年2月に施行された。

不思議なことに、たった1円（時に0円）で取得した「不良」債権であっても、額面全額を請求できるということになるのだ。それがわが国の法律なのだ。それって「やくざ」の世界の話ではなく、平成の時代、リアルな話だったのだ。

そんな「はしたない」ことを、たくさんの会員が注目するゴルフ場で、当時、日本の大企業はさすがにやらなかった。だから、外資系ファンドたちが、丸もうけできたのだ。（B）のカラクリ――。そしてもうひとつ、絶対的な「物権」ではなく単なる債権（という紙切れ）にすぎないゴルフ会員権は、本来ゴルフ場オーナー（所有権者）が変わると会員の権利が消滅する弱い権利だった。

＊法律で保護されるようになった借地権や借家権と異なり、保護する法律がないゴルフ会員権では、まさに「売買は会員権を破る」という前近代的な状況がつづいていたのである。

法律の世界では、「物権は債権に優先する」という大原則があり、奇妙な言い方だがそれを「売買は賃貸借を破る」と言っているのだ（ただし不動産賃貸借は別）。

だから、真里谷カントリークラブを競売で落としたオリックスの宮内義彦社長が、
「顧問弁護士に確認したら、競落したその日から会員は会員の地位を失う」
と公言したことは、今でもそれなりに法的には根拠ある話なのだ。もちろん、オリックスの放漫貸付の責任は別問題だ。

じつは、外資系ファンドが最初にやってきたとき、彼らはこの（A）カラクリと（B）カラクリのどちらをとるか、本気で検討していた。彼らは、内心は（B）で行きたかったようだが、やはり会員たちを本気で怒らせる（B）は賢明にも採用しなかった。

彼らは、「ゴルフさえできればいいんでしょう」と「プレー権」という飴を会員に与えながら、債権譲渡で、債権（紙切れ）をかき集めた（A）。二束三文で買い叩き、購入した債権額面を最大限利用して、会社更生法や入札制度をテコに、短期間に数百のゴルフ場を手に入れた。

＊民法605条、借地借家法10条、借地借家法31条

ニュー・セント・アンドリュース・ゴルフクラブ・ジャパンの『オールドコース』で、「一見不可能と思われる状況」に出会ったように、私はゴルフ場をめぐる驚くべき事態に、仕事としても遭遇していたのだ。

外資系のそんなやり方が性に合わない私は、この間、私の呼びかけに応じて目覚めた会員さんたちをまとめながら、外資系のやり方を食い止める活動をつづけてきた。

この活動を今振り返ると、こういうことになるだろう。

ゴルフ場会社が破綻したら、ゴルフ会員権は、法的には「無」になる。

法律的観点または経済合理性の観点からいって、ゴルフ会員権は明らかに弱い権利である。

つまり会員たちは社会的弱者というべき存在であり、その権利を守るための理論を樹立することが求められていた。

そういう一見、誰もがしり込みする無理難題だと燃えるのが、アマノジャクな私。

「なにかがおかしい」

問題を解くヒントを探すため、ゴルフ以外の本を読み漁り、たどり着いたのが、東大法学部教授内田貴先生だった。

内田先生の教えは、
①ゴルフの文化と歴史を学ぶこと、
②わが国のゴルフ場に資金を出した関係者たちの利害関係を分析すること、
③わが国特有の預託金会員制度について研究すること

だった。なぜそんな法律とは直接関係のないことを学ぶのか。

民法を専門とする内田貴先生は、時代の急速な変化に対応して法律を変えていかなければならないという考えにもとづいて、いち早く電子取引法の研究にまで踏み込んだ先進的学者である。そんな先生にしたがって、単に法律を事件という狭い範囲で考えるのではなく、その歴史的文化的背景、社会・経済的位置づけから全体像を導き出して考える、今までに経験したことのない方法で取り組んだのであった。その結果、当時ゴルフ業界で「ゴルフ新理論」と呼ばれた理論を構築することができたのである。

「ゴルフ新理論」は、「売買は会員権を破らない」の延長線上にある。

つまり会員たちのプレー権を守るため、「一定の場合預託金（預けたお金）返還を制限できる」というセンセーショナルな理論だったから、一部に「これは感情論だ」という批判も受けた。しかし20件の新理論判決が出たことから、それが法律論だったことは裏付けられた。

この活動の過程ではっきり自覚したことは、ゴルフを生きる「よろこび」としている私の全人格、それが考える基本になっているということだった。

ゴルフ場クラチャン競技のみならず、日本ゴルフ協会（ＪＧＡ）主催公式競技にチャレンジするゴルフ競技者としての私。ゴルフオデッセイ*として世界のトップランクのゴルフ場を放浪し、撮った写真とともにゴルフエッセイを書きゴルフ雑誌に投稿する私。また世界のメジャートーナメント会場のロープの内側を、重たい望遠レンズつきのカメラを持って選手を追いかける私。そして大塚和徳さんの『ゴルフ五番目の愉しみ』のひとつとして、ゴルフ関係書籍を集め読む私。フェ

＊西村の著作のひとつに、世界のゴルフ場を巡った『ゴルフオデッセイ』というエッセイがある。

イスブックに日々投稿を繰り返す私。内田先生が示唆した「信義則」をめぐる判例・文献を読みあさる私。

こうした私のすべてが、ゴルフ場会員救済のための理論を考えるとき、動員されたのだ。私がよろこびを持って生きている、その「感情」のすべてを動員して法理論を考えたということであった。「感情論」という批判は、「感情」は真実をゆがめるという「理性」の立場に立つ。法は理性、理論によってのみ「正解」に至るのであって感情にまどわされてはならないという。

しかし、私が全人格を動員したときには、感情もまた人格の一部であり、重要な判断のよりどころであった。法理論は本来、感情論をも包含して考えるべきものであり、それゆえにこそ内田先生はゴルフの文化と歴史から学べと示唆したのであった。

そうしてみると、私の新しい理論は「ゴルフ会員権を守る」という会員の経済原則的利害、つまり「物権的」権利・利益を守ったというより、会員たちの「人生のよろこび」、つまり文化生活を守ることにその原点があったと言えるだろう。

これこそ、資本主義経済のもとでのゴルフ産業論に対するアンチテーゼとしての「ゴルフ文化論」だったのかも知れない。産業論から文化論へ*——この視点の転換は、時代の転換でもある。工業社会から情報社会への転換に対応しようとする全産業が直面している転換であろう。

クラブ文化は地域文化である

＊文化産業という言葉は、ジャズやラジオのような商品化された大衆文化を批判するところから使われはじめたようだが……。

ゴルフを文化として考えるとき、欧米の「クラブ・ライフの歴史」について知っておく必要がある。クラブは、17〜18世紀にフリーメイソンという石工のギルド組織から生まれたという説もあるが、常識的には、イギリス絶対君主の時代に勃興してきた市民たち「ジェントリー（郷紳）」階層（ジェントルマン）——地方の有力者たち、法律家、医師、行政官、商人といった専門職のさまざまな会合の場から発展した自由な団体と考えていいだろう。

イギリス史家*によると、絶対君主という求心的時代から、ジェントリーたちの遠心的時代へ変わる地方社会の核が、「クラブ」ということになるらしい。クラブのメンバーが、地方行政をボランティアで担った歴史があるのだ。

それがゴルフ・クラブであれば、ゴルフ文化とは、その地域の文化と同じ意味を持つ。そうした歴史については、私の師匠のひとりである大塚和徳さん**の書籍が勉強になる。

大塚さんは、長年、ワールドワイドな活動をされながら、欧米のゴルフ場をめぐっていた方で、数年間私は彼の運転手をしながら海外の有名コースをまわり、欧米のクラブ・ライフを垣間見ることができた。

欧米では、街とゴルフ場が近いのだ。スコットランドのオールドコースやノースベリックでは、まさに「街から出て（going out アウト）」教会の尖塔を目標に「街に帰ってくる（coming in イン）」ことが、本当に実感できるのだ。

アメリカでも、夕暮れ近く、母親と子供が仲良くキャディバッグを背負ってスタートしていく情景を、何度も見た。欧米のクラブ・ライフは、その地方の地域住民の生活、ひいては文化と一

＊今井宏『絶対君主の時代』（河出書房新社、1969年）　＊＊大塚和徳『ゴルフ五番目の愉しみ』（文藝春秋社。1999年）、『コースが語る世界のゴルフ史』（日本経済新聞出版、2015年）、『ゴルフ千年—タイガー・ウッズまで』（中央公論社書、2002年）

体化しているのだ。

　しかし、日本のゴルフ場のほとんどは、街から遠くはなれている。

　これは「クラブ」が地方有力者たちからつくられた歴史とはまったく逆の現象になる。バブル期の日本では、地域社会となんの関係もなく、ゴルフ場という装置が安くて広い人里離れた土地に出現した。つまり、地域住民から孤立してポツンと箱としてゴルフ場がつくられ、クラブメンバーが募集された。

　こうして出来た世界第４位の数を誇る出自の異なる日本のゴルフ場は、今後どうなるのか？

　この問題に答えるべく今からおおよそ20年前、私は『ゴルフ場再生への提言』（八潮出版社、１９９９年）と題する本を世に問うた。「今後どうなるのか？」という危機感は同じだが、当時の危機は、ゴルフ場総崩れという存在そのものへの危機感であり、その存亡をかけて「ゴルフ新理論」を打ちたて闘っているさなかであったから、何に依拠して再生するのかという新しいゴルフ場のあり方までは言及できなかった。

　しかし現在の日本にあって、ゴルフ場を囲んだ珍しい街が、私の知る限りでは２つある。

　ひとつは、千葉県外房にある「季美の森ゴルフ倶楽部」、もうひとつは、千葉県市原市にある「ブリック&ウッドクラブ」である。

アメリカ式住宅販売ツールのゴルフ場

「季美の森ゴルフ倶楽部」は、なんのことはない、じつは私が住んでいるところなのだ。ここは、東急不動産が中心となり開発、1993年に「ゴルフ&コミュニティー」と銘打ってゴルフ場つきの戸建て住宅街を売り出した。その広告をみて、ゴルフ好きの私は抵抗できず購入してしまったのだ。このまちには正直おどろいた。

ゴルフ場を借景にしたフェアウェイ・フロントと称する住宅が240軒あり、ゴルフ愛好者が何百人とこぞって移り住んでくると、アッという間にコミュニティーが形成されたのだ。学生時代に新しい共同体（コミュニティー）をつくろうなどと夢を語り合った記憶があるが、ゴルフを共有する共同体がかくもあっさりとできるとは思いも及ばなかった。

四季折々の草花につつまれた自然と共存するコンセプトのデザインも美しく、まちにはゴミひとつなく、道ゆく人はにこやかに挨拶を交わし、ゴルフ仲間は楽しく、しょっちゅう開かれるゴルフコンペとホームパーティでの話題にことかかない楽しい生活が日常になった。日本にこんなまちが実現するなんて――。

しかし、しばらく暮らしているうちに、残念ながら私が大塚さんと訪ね歩いた欧米のゴルフクラブをイメージするというわけにはいかないことがわかった。コミュニティーとしての住民の盛り上がりに「季美の森ゴルフ倶楽部」はリンクしていないのだ。それはそうだろう。長いゴルフクラブ文化の歴史はそう簡単に手に入らない。

東急という会社は、五島慶太なる人物が創業者で、彼は「強盗慶太」とかいろいろ言われたけれど、日本人には珍しく戦略的発想の持ち主だった。それは、渋沢栄一のつくった田園都市株式会社を継いだとき、渋沢から学んだものだろう。五島は、田園調布というまちを創るにあたって、無償で教育機関に土地を提供、まちづくりの根幹に利益追求とほど遠い「教育文化」をすえた。渋沢が経済の根底に利害を超えた「窮民院」をすえたのに似ている。

「季美の森」が、「ゴルフ&コミュニティー」をうたったプランには、おそらく五島の伝統にのっとった、利益追求から遠い「ゴルフ文化」をまちの根幹に据えるという無償の企画が盛り込まれていたのだろう。残念ながら今、五島はいない。高度経済成長期の全日本企業がそうであったように、どこもかしこも「企業企画」は「それは儲かるのか？」と問われ、答えとして、「アメリカで流行ってます」が、いちばんいい企画であり、東急もアメリカの住宅販売企画を形だけ真似たものだということが、次第に明らかになっていったのである。

国土の広いアメリカには1万5000を超えるゴルフ場があり、なかでも多いのは住宅開発にあわせてゴルフ場をつくるケースだ。今でも毎年数百単位でゴルフ場がつくられている。日本と違うのは、廃業するゴルフ場も少なくないことと、80%くらいがパブリックコースであること。ニューヨークのロングアイランドには、スピードウェイをゴルフ場に変えたものまである。

日本では、間違った役所の指導で、ゴルフ場に面した住宅を見ることはまれだ。ところが、衛星放送で見るアメリカのトーナメントのかなり多くは、住宅に面したゴルフ場で行われている。

ジャック・ニクラスとピート・ダイの設計したハーバータウン・リンクス（サウス・カロライナ州）*のインコースの池越えのパー3のところにある豪邸など、相撲でいえば、砂っかぶりからの観戦ポイントとなって、住宅の価値は高まるばかりと、メンバーが言っていた。

*巻頭口絵 p.4 の 3 番目の写真。

ただ、トーナメントなどやらない普通の住宅地にできているアメリカのゴルフ場は、じつは住宅販売のためのものだ。まず住宅販売会社は、もともと地形が悪く住宅にしにくいところにゴルフコースを設計して緑地帯をつくる。そして経済状況をみながら、ゴルフ場の見えるところに住宅を建て分譲していく。中にはパームツリーなど特徴のある木を整然と植え込んだり、たくさんの池を配置することで、きれいな景観を演出したりする。

パームデザートなどの砂漠地帯では広大な土地はあり、隣の州から水を引いてこれを緑地化することで、いくらでもゴルフ場と住宅はできる。それぞれ有名プロやゴルフ場設計者がまずゴルフ場のセールスポイントづくりをやる。「ナイアガラの滝」*をつくってみたり、アイランドグリーンをつくってみたり、スコットランドやアイルランドからいろいろなアイデアを持ってきたりする。住宅が完売されるまでは、ゴルフ場の管理はよくなされる。完売されると、とたんにゴルフ場はパブリック化して、だんだん荒れてくるのが多いそうだ。

オーガスタに近いところにもいくつか住宅とゴルフ場の組み合わせがあるが、そんな雰囲気が新旧ゴルフ場から漂ってくる。最近の注目物件は、アーノルド・パーマー、ゲーリー・プレーヤー、ジャック・ニクラスの3人が9ホールずつ設計した、チャンピオンズ・リトリート（ジョージア州）。パーマーとニクラス設計の18ホールをまわったが、ひねってあるのはニクラスの9ホール。住宅も結構高そうなのが、売り出されていた。

住宅販売のためにできたゴルフ産業としてのゴルフ場の経営的悩みは、アメリカも日本もさほど変わりはないかもしれない。

＊巻頭口絵 p.7 の上段の写真（トランプナショナル GC）

これからのゴルフ場とまちづくり

「ゴルフ&コミュニティー」としての住民の盛り上がりとうらはらに、東急は戸建住宅の販売が予想を超えて成功すると、さまざまなコミュニティーづくり計画を引っ込めてしまった。さすがに一戸あたり40万円の預託金をとってつくった「スポーツ施設」の閉鎖には住民も納得できず継続となった。

しかし、戸建住宅販売終了と同時に預託金数億円がゼロになるカラクリは、預託金の完全償却に根拠があるそうだが、理解できる住民は少ない。バブル崩壊期のゴルフ会員権が紙くずになった出来事に似ているように思った。

季美の森ゴルフ倶楽部は、単にゴルフ場施設管理業務を遂行する東急社員によって「施設使用料」を収益とするただのゴルフ施設産業に戻ってしまった。

ゴルフ産業は年々衰退していると言われる。それは、ゴルフに限ったことではない。従来型のあらゆる産業は衰退していく。なぜなら、時代は急速に変わりつつあるからだ。どう変化しているのか。私がゴルフ場とかかわって学習し、見えてきた大きな歴史的変換の見取り図は、本書の2章からはっきりしていくだろう。ゴルフ場経営者が、あるいは従業員諸君がこのことを理解してほしいものだ。

千葉県には現在営業中のゴルフ場が１５８あり（２０２１年5月7日ゴルフ特信によると、全国トップとのこと）、かつてはゴルフ場銀座と言われた。しかし今や、そのほとんどが経営に苦しんでいる。経費がかかりすぎるわりに利用者が増えない、という単純な構図だ。食堂は経費がかかりすぎるからやめて、プレー代金を安くしたなどと経営者は語る。しかし、そういうゴルフ産業論、経営論の視座からでは未来は見えてこない。

私が全人格を動員して取り組んだゴルフ会員権の攻防戦は、「売買は会員権を破らない」というゴルフ文化論に立った結論だったのだ。カギは、私がゴルフを楽しむひとりの人間として考えたところにある。

日本の２２００を超えるゴルフ場面積は、約27万ヘクタールといわれる（ＮＧＫ調べ＊）。そのうち千葉県に１５８のゴルフ場（全国の７％）があるのだから、千葉には２万ヘクタール弱のゴルフ場がある（18ホールを超えるホール数のゴルフ場が複数ある）ことになる。どのくらいの広さか？　なんと10キロ×20キロという膨大な面積だ。

それだけの広大な人工的自然（美しい景観）を環境破壊とさんざん非難されながらつくりあげてしまったことは二度とできない大変化であり、「みんなにとってはすばらしいことだった」と捉え直したら、千葉県はガラリと様相を変えるだろう。季美の森にはゴルフ場を借景にした住居が２４０戸あるが、外から見えないようにしているほとんどのゴルフ場周囲を住宅地にしてゴルフ好きに解放してくれたらどんなにうれしいだろう。これが景観情報化という発想の転換だ。

私が楽しみに見守っているのは、「ゴルフ＆コミュニティー」として盛り上がった季美の森の住民が、開発から20年たったころ、自分たちの手で「まちづくり」に立ち上がったことだ。まち

＊一般社団法人日本ゴルフ場経営者協会

づくりの団体がふたつもでき、まちの未来図を語り合うようになった。面白いのは、それに呼応して東急不動産の戦略セクションが参加してきたことだ。

このまちには約15のゴルフ愛好会があり、定期的にコンペを開催していて、その熱は「エージシュート」の祝賀会を頻繁にやるほどゴルフ文化度が高い。その担い手たちがイノベーターとなって、住民運営のレストランづくり、田んぼや畑を借りての農作物づくりといった多様なまちづくりがはじまると、その住民たちと外部イノベーターとのコラボレーションを東急の戦略セクションがつとめたのだ。順天堂大学、慶應ＳＦＣ＊、東京都市大学の各研究室、学生や留学生らが「未来自然都市」構想を探求したり、ドローンの活用や本田技研と未来型スマート交通の実証実験をしたり住民と協働するようになった。すると、ゴルフ場もまた住民のラジオ体操にゴルフ場を開放したり、クラブで健康講座を開いたりするようになったのである。

こうした賑やかな動きに誘われるように、パン工房、ベーカリー、イタリアンレストランその他の店が出店、いつの間にかグルメのまちの様相すら呈するようになった。

これは、実際におこっている新しい流れである。「ゴルフ＆コミュニティー」がもともとこのまちの発想だから、東急が原点に帰り、自然・文化産業に本気で取り組む日は、私の「ゴルフ新理論」20年の道のりよりずっと早いだろうと思う。

面白いゴルフ＆コミュニティー

＊慶應義塾大学湘南藤沢キャンパス

未だ途上にある季美の森に比べて、文字通りの「ゴルフ&コミュニティー」ゴルフ場が、「ブリック&ウッドクラブ」である。

房総半島の西側、市原市にあるここは、坂征郎さんという「変わり者」がつくった。日本では、イノベーター（革新者）を世間が「変わり者」という。坂さんに会ってみると、元気いっぱい、背中にエンジン付プロペラを背負って、空に飛び立とうとしている。比喩ではなく、「近くの地形を把握するのにこれがいちばん」とモーター・パラグライダー乗りになろうとしていた。なぜそんなことをするのかと聞くと、「30以上ある市原市の農道にかこまれたゴルフ場を遊歩道で結んで、ゴルフカートで往き来できるようにしたい」と夢を語った。

坂さんは、日本人に珍しい「ヴィジョン人」である。60代で自然の中に生きる人生を選び、市原市でコメづくりからはじめ、コミュニティー「サスティナブル・ヴィレッジ」を立ち上げた。

約10万坪のこの村は、お題目だけのサスティナブルではない。道路、森、湖、農地、山、そして隣地にあるゴルフ場の数十万坪すべてが「コモンズ」（共有地）であるという坂さんの思想に貫かれ実行されたコミュニティーである。ここは、地球と同じ「閉じられた系」になっている。閉じられた「コモンズ」において地下資源消費は、環境破壊しかもたらさない。３００戸に満たない住民は、皆同じ考えの人たちである。すべては地上の自然系でまかなう。建物の木材は地産地消、エネルギーも地産地消、食糧は自給自足。村の運営は、直接民主主義で行う。

痛快なのは住民がメンバーとなっている自前のゴルフクラブである。ここには、未来のライフスタイル、「こうありたい」という生活イメージとともに人間本来のゲームの精神、カントリークラブの姿があった。

なんと、アメリカでいくつものゴルフ＆コミュニティーをつくってきたデズモンド・ミュアヘッドを口説いて設計してもらったという。ミュアヘッドは私の好きなＮＳＡＪ（ニュー・セント・アンドリュース・ゴルフクラブ・ジャパン）のクラブハウスも設計している。それでこのコミュニティーを「ミュアヘッド・フィールズ・コミュニティー」と呼んでいる。

身の丈にあったライフスタイルに「ゴルフ・ライフ」がしっかり描かれているところが、アタマで考える未来像とまったく違うところだ。

「ブリック＆ウッドクラブ」のメンバーは、自宅からゴルフ場へカートに乗って行くことができる。ここの敷地内は行政の及ばない私有地だからだ。「コモンズ」の管理はすべて住民が話し合って行う。

私が訪れた時も、杉材で作ったレストランの一角から住民の談笑する声が聞こえた。その声の感じでピンときたのは、参加している人たちの文化度だった。本

ミュアヘッド・フィールズ・コミュニティー

書は、「産業から文化へ」という大きなコンセプトでゴルフを語ろうとしているが、語ることは容易く、創ることはむずかしい。

ここにその文化の薫りがただようのは、この村の住民になる「条件」が入居のときから満たされているからだろう。「コモンズ」が理解できない人はここの住民になれない。

一方で、１４００名以上のメンバーを擁する「割カン制」ゴルフ・クラブの文化は、ミュアヘッド・フィールズ住民の文化と共通しているようで若干ニュアンスが違う。むずかしいところだ。

私は、千葉県１５８のゴルフ場すべてが、「ゴルフ＆コミュニティー」に経営方針を変える時期だと思っている。そのモデルが「ブリック＆ウッドクラブ」と「ミュアヘッド・フィールズ」だ。坂さんの思想は、間違いなく世界の大きな変化の流れにそっている。坂さんのケースとちがい、ほとんどのゴルフ場は、メンバーが揃って高齢化し、それにともなって経営が困難に陥る。それを救うのが、コミュニティーの形成だろう。

とくに、コロナ禍によって、その動きが加速する。

もちろん、すべてのゴルフ場が坂さんと同じことをやる必要はない。みんな自分の持ち場で、自分たちのゴルフ場に見合った得意技で勝負すればよい。リゾートやアートに特化するもの、ジュニア育成に特化するもの、農業や牧場に特化するものなど大歓迎である。

そこで次章から、バブル経済崩壊のさなかの、これまで私が担当した事件を手がかりに、「ゴルフ産業論」のアンチテーゼとしての「ゴルフ文化論」の成果でもある「ゴルフ新理論」を検討してみたい。

2章　他業界の文化産業論も勉強しよう

音楽教室は、著作権使用料を払わなければいけないか？

私たちの文化を守るはずの著作権が、日本から音楽をうばうのではないか？

この問題を提起し、日本の音楽著作権を一手に管理している団体ＪＡＳＲＡＣ《ジャスラック》（一般社団法人日本音楽著作権協会）を相手取って、訴訟をおこした団体がある。

「音楽教育を守る会」は、音楽教室で教えている音楽に対して「著作権使用料を支払え」というのはおかしいと訴えた。むずかしく言うと「債務不存在確認訴訟」をおこした。

音楽を趣味にしている人は大勢いる。だれもが「もっと上手に演奏したい」「もっと音楽を勉強したい」と思って、音楽教室にかよってくる。そこで教材に使う楽曲のいちいちに著作権使用料を支払わなくてはいけないのか？

これに対し一審の東京地裁判決は、「使用料は徴収できる」としたので、「それはおかしい」と音楽教室側が控訴している。

この事件について、私の住んでいる千葉県大網白里市の皆さんにわかりやすく話したことがある。まちづくり活動のひとつとして、音楽好きの住民が演奏会を開いたりするので、音楽著作権については住民も気をつかっているのだ。

私のところへ法律の基本的な話をしてほしいといってきたのは、大里綜合管理という会社である。大変魅力的な野老《ところ》真理子さんという女性が経営者の不思議な会社（現代表は長男の憲一さん）で、株式会社なのだがいつ行ってもいわゆる会社という感じがしない。

それもそのはず、野老さんが取り組むボランティア活動は、３３０種類。「やりがい」と「生きがい」を求めて全国から若者が集まる会社だ。２０２０年、「第3回日本サービス大賞・地方創生大臣賞」を受賞している。

彼女は、すべてに全力で立ち向かう。彼女には、日本人にありがちな「誰かがやってくれる」という感覚はまったくない。スタッフたちも、社長の指示なく、自由に動き回る。

社屋もビルではなく、大きなドームのような二階建て、玄関には採りたての有機野菜が並べられ、受付があるわけでもなく、スリッパに履き替えると大きなフロアーが細かくブースに仕切られ、それぞれが賑やかにいろいろな仕事をしている。そこではいくつもの「塾」が開かれていたり、夕方からはライブがはじまったりする。どれも、市民が参加して行っている。

村上龍のテレビ番組「カンブリア宮殿」にも取り上げられたくらいだから、未来型の企業を先取りしているといっていいだろう。日本のゴルフ界にも〝野老真理子〟を登場させたいものだ。

その野老さんの関心は、法的にはあきらめるしかないと言われている問題について、なんとか途を切り拓いていく私の仕事のやり方にあったらしい。私もそんな大里綜合管理が気に入って、彼女に頼まれ塾長として、守るべき権利をめぐる「闘いの現場からの実況中継」をやっている。

ところで、「音楽教室は音楽著作権使用料を払わなければいけないか」だが、欧米では、音楽にかぎらず創作物を「教育目的」で使うのは、原則自由《フリー》である。

これは、「フェアユース（著作権の公正利用）」という考え方に基づいている。

しかし、ＪＡＳＲＡＣは、フェアユースを認めていない。著作権Ｇメンを放って、フィットネスクラブ、カルチャーセンター、ダンス教室へ潜入させ、まるで警察のように音楽著作権違反を摘発する。そのように徴収してきたから、音楽教室からも徴収するという。

こんなＪＡＳＲＡＣの姿勢に市民はおびえ、趣味で音楽演奏をするたびに「摘発されるのではないか」と心配、弁護士の意見を聞こうということになるのだ。

ＪＡＳＲＡＣが、音楽家の著作権を管理している団体であることは十分理解できる、しかし音楽教室に潜入してまで摘発、告訴するこれは、音楽文化の発展を著しく阻害するものだ。音楽教室での演奏は、公衆に対する演奏ではないし、聞かせるための演奏ではありえないからだ*。

著作権という権利の特殊性

アメリカに、

＊令和３年３月18日東京高裁は、一部JASRACの主張を否定し、生徒の演奏は「公衆に聴かせることが目的ではない」とした。

「所有権・著作権強化は、かえって技術革新の可能性をなくしてしまう」
と主張する学者がいる。私の好きなスタンフォード大学の憲法学者、ローレンス・レッシグだ。彼はインターネット社会におけるサイバー法の第一人者でもある。

彼の本、『CODE――インターネットの合法・違法・プライバシー』（山形浩生・柏木亮訳翔泳社、2001年）、『コモンズ――ネット上の所有権強化は技術革新を殺す』（山形浩生訳、翔泳社、2002年）は、いまやサイバー法議論の教科書となっている。

1990年代に入ってインターネットが登場。情報通信技術の過激な進化にともなってサイバー社会が出現し、いままでの法制度では対応できなくなった。まぎれもないパラダイムシフト＊にレッシグが応えたのである。

アメリカ大統領バイデンが、コロナワクチンの特許権制限に言及したことは、この流れに沿う快挙だ。これまで主流の考えは、
「所有権・特許権・著作権など権利を強化すれば技術革新につながる」
というものだった。しかしレッシグは、正面から主流の考えに異議を唱えていく。

すなわち彼は、著作権法自体が文化的な生産、技術革新を阻害する、そればかりか、私益を拡大し公共的な財産までも奪う法律でしかない、われわれすべてに

ローレンス・レッシグ『コモンズ―ネット上の所有権強化は技術革新を殺す』（山形浩生訳、翔泳社、2002年）

＊『科学革命の構造』（トーマス・クーン／中山茂訳　みすず書房、1971年）によって広く知られた概念。

とって悪い結果をもたらす、と断言するのだ。

たとえば、ノースカロライナの農民たちが所有農地の上空を空軍機が飛ぶことに異議を述べ裁判提起したとき、裁判所はどうしたか。

「古代の思想では、コモン・ロー上の所有権は宇宙の果てまでつづく」ことは認めたが、「この思想は現代社会では場違い」として農民らの発想は、「常識（コモン・センス）的におかしい(Common sense revolts at the idea)」と裁判所は、判断したのだ。

「コモン・ロー」は、「慣習法」「普通法」と訳されるが、イギリスでは「神の法」と言われるように、歴史的・伝統的・慣習的に人を律してきた、誰もが「まちがいない」とする13世紀来の考え方である。

その「コモン・ロー」が認める所有権を「現代社会においては場違い」としりぞける「コモン・センス」とは何か？

日本では一般的に「常識」と訳しているが、この訳語には違和感を覚える。前章で記した私の「ゴルフ新理論」の闘いは、はからずもその時の法の「常識」、すなわち「ゴルフ場が破綻したらゴルフ会員権はただの紙クズになる」という常識との闘いだったからだ。私のゴルフとともに生きた30年にわたる人生と全人格をもって得た感覚が、常識を疑ったのである。新たな理論はその感覚に立脚したものだ。それを「コモン・センス」というのではなかろうか。

いや私だけでなく、ゴルフ会員のみんなが同じようにゴルフに関わり、実際に感じたことだ。「コモン・センス」は、「みんなが同じようにおかしいと感じていること」にもなろうか。そして、それが新しい「コモン・ロー」を形成していくのだ。

商業文化と非商業文化

そう、法は変化する。

「ある時代には石のように確固たるものだった発想が、別の時代には崩壊し去る」とレッシグは言う。

レッシグは、インターネットがその発展の過程で、「文化がどう創られるのかという点への影響について」、インターネットを超えて及ぼす「重要でさりげない変化」を引き起こしたという。そしてこの変化は、多くの人が気づかない間に、伝統を根本から変えてしまうくらいのものだと言う。

この変化を理解するには、「商業文化と非商業文化を切り分けて、それぞれに対する法規制の見取り図を描いてみるといい」そうだ。わかりやすく言うと、「商業文化」は生産されて売られる文化、あるいは売られるために生産される文化だ。

「非商業文化」はその他のすべてのこと。これは、老人たちが公園やら街角に座ってお話を語り、それを子供たちが聞く場合のことだという。

このどちらも「文化」であるあたり、ゴルフ文化産業論の進化には、非常に参考になる分析だ。

『月刊ゴルフ用品界』片山哲郎社長によると、全英ゴルフ協会（R＆A）(Royal and Ancient Golf Club of St. Andrews) が「用具の規制」に執着するのは、ゴルフ発祥の地というプライドに根差す独特の「価値観」によるという。

メーカー側は「過剰な進歩」こそニーズを生み出し、他社との差別化につながるとして、次々「飛び」につながる商品を開発する。ゴルフ産業の姿だ。

ゴルフ文化論者としては、R&Aの発想、つまり、ゴルフの上達は、用具の過剰な進歩に頼ってはいけないという思想の合理性を検証したくなる。

他方、ゴルフ産業論的には、宇宙素材まで動員しているゴルフ用具の技術革新が何を生み出すのかを検証したくなる。


どちらにしても、ゴルファーの皆さん、本当の自分の飛距離（特にキャリーボールの飛距離とランの距離）を知っているヒトは少ない。

また、ゴルフはドラコン競技ではないわけで、飛距離だけでなく、ショット・パットの正確性で争われる競技である。だから優れたパターへのこだわりも捨てきれない。

山田パターの「エンペラー」をご存知か？　２０１２年、ライン・ギブソン選手がパー71のコースを55（16アンダー）でまわり驚異の世界最小ストロークをマークした。

この時の使用パターが、山田パターの「エンペラー」。手造りの削り出し！

これを聞いたらもう止められない。その情報はアッという間に世界中に広まり、２０１３年の日米首脳会談のとき、安倍首相がゴルフ好きのオバマ大統領に贈ったのも、山田パターだった。

全ホールバーディを狙う現代ゴルフに求められる奇跡のパター。そんなパターをつくってきた山田透さんとゴルフをする機会があった。「売れすぎで体調を崩した」と話されていた。

山田さんは、ジャズ留学のためアメリカ滞在中、ロサンゼルスで、T・Pミルズ（初代）の、「陶器のように滑らかで真っ黒の美しいパター」を見て、「何のためらいもないまま」削り出しパター造りをはじめたらしい。

じつは私も初心者時代、T・Pミルズのパターはいいと先輩に言われ、信じて20年以上使いつづけた。やっぱり商品には「美しさ」が必要なのだ。女性、いや、人間も同じか。ここまでくればもはや文化だろう。

そしてここが大事なところなのだが、「アメリカ史の初め、そしてアメリカの伝統のほぼ全期間を通じて、非商業文化は基本的に無規制だった」という。かつて、憲法起草のころのアメリカでは、「創造性が基本的に規制されない時期があった」。当時は、著作権の法律は、出版社しか規制せず、またその適用は「地図、海図、書籍」に限定されていたからだ。

ということは、それ以外の創造的活動はすべて自由だったし、特に法律から自由だったのだ。音楽も小説の芝居化も編集もなんでも自由にできた時代が本当にあったのだ。

著作権フリーの思想

ところが、現代世界は実際のところどうなっているか。

典型は、映画産業の大本山ハリウッドを見ればすぐにわかる。

映画を製作するとき、たまたま画面の背景に、壁に貼ったポスターやコカ・コーラの缶などが入ると、大変だ。監督としては、登場人物の個性を描くために必要な小道具としての表現なのだが、即座に雇われた弁護士事務所が対象企業に承諾料を払って許諾を取るようなことばかりやっている。これが、ハリウッドの映画ビジネスのあり方なのだ。

弁護士が関与しないと、クレームがこじれてコストが高くなると営業トークされ、さらにスポンサーが訴訟を毛嫌いする結果、制作者たちは、権利をクリアしたものだけ使って、映画を創っている。日本においても、１９８０年代からアメリカに右へならえとなった。ＪＡＳＲＡＣの極端な著作権違反者狩りはその典型といえる。

レッシグは、アート制作の決定を弁護士がやっているみたいだと笑う。「いったいどうやって、人はこんなにバカげた極端なルール（「法律世界」）を作っちゃったんだ？」と疑問を提起しているのだ。

レッシグは、「フリーな文化をわれわれが失い、ますます許認可文化になりつつある」と、私たちに警告を発しているのだ。

しかし日本でも、１９８４（昭和59）年ころ、未来のサイバー社会の見取り図を描いていた東大助教授の坂村健氏は、いち早く自身の開発したトロン*ＯＳを「フリー」にすると宣言していた。一方でビル・ゲイツは、ウインドウズＯＳの著作財産権によって世界一の金持ちになった。

技術革新（イノベーション）のただ中にいた坂村氏は、レッシグの思想「著作権が文化・技術革新を阻害する」を先取りし、また、当時の日本には彼の思想を理解する財界人も官僚も健在だっ

*トロンは The Real-Time Operating System Nucleus の略

た。ソニーをはじめ１００以上の企業が参加して、「ヒト」と「モノ」がコンピュータで結ばれる壮大な未来世界へむけたプロジェクトを立ち上げた。

ところが１９８９（平成元）年4月21日にアメリカ合衆国通商代表部（ＵＳＴＲ）が発行した『外国貿易障壁報告書』に日本のトロン・プロジェクトが紹介されるや、アメリカはスーパー３０１条（「相手国の不公正な取引慣行に制裁を加える」と恐れられた条項）に引っかかるとしてこれをつぶしにかかった。

時を同じくして日本のバブル経済は崩壊、護送船団日本丸は、あえなく沈没の憂き目にさらされることになる。あのとき、トロン・プロジェクトを継続していれば、今頃日本は世界のＩＴ超大国になっていただろうというむきもあるが、残念ながら政界に人材を育てなかった日本の現状は、ご覧のとおりだ。

レッシグの思想から坂村氏の「著作権フリー」の思想を思い出したが、注目すべきは、彼の「フリー」は個人的な無欲から生まれたわけではないところだ。

彼は、電子技術の研究現場に生きた実際的感覚から、トロンという技術を「私的財産」と考えない思想に至ったのだと思う。そうすればたくさんの人が新しい世界で活躍できる。おそらくこの感覚もまた「コモン・センス」と言っていいかもしれない。同じように私も、実際的な司法の事件現場から、「コモン・センス」という地平に立つことになったから。

この新しい時代の考えが、強欲なハイエナ資本主義の終焉へとつながっていくはずだ。

時代に追いつけない司法判断のおかしさ

最近日本の株価と一部のゴルフ会員権の価格は、不安定要因があるにせよ、コロナ・バブルといってよいくらい上昇している。日本のゴルフ場は30年以上つづいた低空飛行からようやく、少しばかり上昇の気配をつかみはじめたかのようだ。とはいっても、低空飛行に変わりはないが。

なぜここまで日本のゴルフ場の価値が落ちてしまったのか。

まずは、ゴルフ場経営者と金融機関に原因がある。ゴルフ場経営者は、会員から集めた、税金のかからない10兆円ともいわれる巨額な預託金（預かったお金）に狂ってしまった。次に金融機関は彼らと一緒になってギャンブルを行い、莫大な不良債権を作り出してしまった。

もちろん、右肩上がりの会員権相場を安易に信じた会員たちにも自己責任はある。とはいえ、これにはライブドア（ホリエモン）事件と同じく、大衆をあおりその気にさせたマスコミの影響が否定できない。

ともかく、ゴルフ場は完成してしまえば、数百億円の預託金を返せるはずなどない。

良識あるゴルファーなら、早い者勝ちの預託金返還請求なんて、まるで女性や子供を押しのけて難破船から救命ボートを奪って逃げだすようなことはやらないはず。アメリカ映画なら、そんな奴はすぐ天罰を受けて死ぬ。

ところがバブルがはじけたとたん、われ先に「預託金返せ」がはじまった。世間知らずの日本の裁判官たちは、そんな早い者勝ちの預託金返還請求を堂々と認め、パニックをあおった。だから一時、裁判所は銀行の取り付け騒ぎが起きたかのように、ゴルフ場を訴える会員で一杯になった。

でも２０００年に施行された民事再生法で、会員の裁判は激減。攻めすぎた会員はプレー権を無くし、お涙金の配当を外資たちからもらうことで、外資とＲＣＣ（整理回収機構）を大もうけさせてしまった。どうしてこんなひどいことになったのだろうか。

この問題は、現代の司法関係者が、人権とか権利を時代の変化にあわせて考えていないことから生じたのだと思う。

たとえば、いま地球環境は危機に瀕していると言われている。これまでの「自由競争」を前提とした学問では解決できない状況になり、新しい考え方を導入しないと、社会が持続しない危険性が出てきたわけだ。

経済学ではいち早くこのことに気づき、新しい考え方が導入された。環境の問題を真剣に考える法律家も気づきはじめた。しかし、一般の法律を扱う学者や裁判官・弁護士の間では、旧態依然とした近代法理論がまかり通っている。

近代法理論は「自由と平等」に配慮して自由競争を保証さえしていれば、世の中すべてうまくいくというかの如く……。

このような能天気な法律家の石頭を変えてしまう発想について、紹介してみよう。

ゴルフ場の悲劇は共有地《コモンズ》の悲劇

ゴルフ場の混乱と外資の大もうけをもたらした司法解釈の誤り、それを正すのに有効なのは、「共有地の悲劇（コモンズの悲劇）」という、生態学者のギャレット・ハーディン＊の考え方だ。たとえば10人の羊飼いが「共有」していた牧草地があるとする。古きよき牧歌的な時代は、みんなほかの羊飼いのことを考え、自分の羊の数をむやみに増やしたりしない。羊のえさとなる草の量は決まっているからだ。

ところが、そこに「経済合理性」という近代人の感覚を持つ羊飼いが現れる。すると、彼はより多くの利益を獲得するため、自分の羊を増やそうとする。

ひとりがそうすると、ほかの羊飼いも疑心暗鬼になり、我先に羊を増やしつづけることになる。その結果、牧草地は食べ荒らされ、荒廃し、10人の羊飼い全員は生きる道をなくしてしまう。「共有」（コモンズ）という考え方は、近代民法が作り出し、自由経済の基礎としたはずのものだ。その考えに基づく「共有地」（コモンズ）は、宿命的に荒廃する。これを「コモンズの悲劇」という。

共有された市場の自由競争は悲劇となる。

みんなに自制を求めたり、良心に訴えても、自由と平等を旗印とする近代法では、共倒れの結果を招くのだ。ゴルフ場でいえば、早い者勝ちの預託金返還請求が殺到する。払いきれないゴルフ場会社が破綻する。破綻したことにより、会員の権利が危機に瀕する。そういうわけだ。

＊ギャレット・ハーディン『地球に生きる倫理—宇宙船ビーグル号の旅から』松井巻之助訳（佑学舎、1975年）

環境問題でいえば、企業が自由に経済活動をすればするほど、地球は汚れ、荒れはて、宇宙船地球号は、墜落するしかなくなる。破綻や墜落という最悪の事態を回避するためには、近代社会が当然の前提としていた「自由」とか「平等」をもう一度検討しなおす必要が出てくる。

ところが司法界は、素直にそのような誤りを修正しようとしない。経済学者やその他の分野ではとっくに見なおしているというのに。私は完成したゴルフ場で早い者勝ちの返還請求など認めるのは、早い者勝ちの詐害行為に裁判官が加担するに等しいと頑張ったのだが、この考え方に共鳴してくれた裁判官はたったの十数人。

でも欧米では、名門ゴルフ場の危機にはスーパースターが現れて再建してしまう。献身的な少数の個人がリーダーシップを発揮し、ゴルフの歴史や文化を形成してきた。英国の設計者ハリー・コルトも、オーガスタを作ったボビー・ジョーンズも、ゴルフジャーナリスト、バーナード・ダーウィンも、なぜか弁護士なのだ。

これからは日本でも、毎年大量に増員される弁護士の才能に期待しよう。

さて、司法関係者にもよくわかるように、ゴルフ場におきた「コモンズの悲劇」を詳細に見てみよう。

3章　どうしたら社会を変えられるか？

ゴルフ会員の危機

時は、ゴルフ会員権が紙切れにすぎなかったことが証明された、1992年（平成4年）にさかのぼる。「茨城カントリークラブ事件」発生の翌年のことだ。

「茨城カントリークラブ事件」は、茨城県高萩市の常陸観光開発が2830枚限定のゴルフ会員権募集と称し、じつは5万2000人以上の人たちから、約1000億円の資金を集めて、オーナーが脱税容疑で逮捕された事件だ。「茨城カントリークラブ」は完成せず、開発会社は破産してしまったから、5万2000人をだました「詐欺」といわれた。

その翌年、東相模ゴルフクラブ（山梨県）が、破産と競売の危機を迎えた。早い者勝ちの預託金（預けたお金）返還請求が殺到したからだ。

真里谷カントリークラブも早い者勝ちの預託金返還請求が殺到して、平成3年に破綻し、競売にさらされていた。いずれも「コモンズの悲劇」だ。

どのゴルフ場も、会員たちの預託金をベースにつくられたゴルフをするための「共有地（コモンズ）」である。それをみんなが「お金を返せ」と迫ったところでそのお金はゴルフ場という施設になってしまえば返せるはずがない。ゴルフ場は手を上げてしまう「悲劇」である。

破綻した真里谷カントリークラブの競売には、オリックスが名乗りでた。数百億円つぎ込んでいたオリックス・トップの宮内義彦社長が、

「会員は、競売落札の日から会員でなくなる」

とうそぶいていた。ゴルフ場が売られてしまえば会員権は紙くずになる。

確かに法律はそうなっている。

一方、会員権消滅の危機を知った東相模の会員たちが私のところへ駆け込んできた。

「会員の権利を守れないか？」

その中心にいたのが、ゴルフを生きがいと感じはじめていた小さな広告会社オーナーのM氏（当時60歳）だった。

どの弁護士に相談しても、むずかしい、大変だ、費用もかかるし、と悲観的な話ばかりだったという。

会員だけがバカを見る。私に持ち込まれた東相模ゴルフクラブは、バブル紳士小谷光浩氏が、昭和61（１９８６）年につくった。会員は２５００名。競売されれば、同じ運命「会員権は紙くず」になる。なんとかならないか。

必死のM氏に私がさずけた策は、ゴルフ場につけられた抵当権設定時期と倒産時期とが重なっ

ているのはおかしいからそこを攻めろ、というものだった。

会員全員にアピールし、会員の団結を呼びかけたらどうか、費用も１人３万円くらいなら集まるのではないか。この提案にＭ氏は、「わかった、やるしかない。」と応える。

その日から、Ｍ氏の超人的活躍がはじまった。私のさずけた作戦で入手した会員名簿を頼りに、会員たちに電話をかけまくった。

電話を受けた者がさらに仲間に電話作戦を呼びかけた。仲間の数は、またたく間に拡がって、なんと１ヵ月で１５００名、３ヵ月で２０００名（組織率８割）のメンバーの会を立ち上げてしまったのだ。

ともすれば、他人まかせで「誰かが助けてくれる」と思いがちな会員たち。

すぐ「自分にどんなメリットがあるのか」を聞きたがる会員たち。

そんな彼らに対し、辛抱強く、放置すれば誰も助けてくれないゴルフ場会員の危機を、自分の問題として対応するようＭ氏は説得してまわったのだ。

世間にアピールできる闘いのアイデアにあふれた彼はなんと、今ふうに言うと「インスタ映え」するような女性会員たち主導のデモ作戦を企画した。これはテレビに美しく映える。百数十名のカラフルなテレビ映りのよいデモは、数百名規模のデモに見えるのだ。

この作戦はみごとに成功。ＮＨＫが、１日３回、全国ネットで統率の取れた美しいデモ行進を放映してくれた。

おかげで、その後銀行系や上場会社系企業が会員のいるゴルフ場競売を強行することはなくなった。

オリックスのように、違法でない限りぎりぎり何でもやるというのは、じつは、コンプライアンス上も、企業の社会的責任上も、大問題なのだ。

それなのにリース会社や信販会社というのは、銀行と違い、消費者基本法にも金融商品取引法にも引っかからないノンバンクの発想で動くためか、荒っぽい会社が多い。＊

東相模ゴルフクラブは、7年の年月をかけ、会員と銀行系子会社が再建資金を負担し合い、抵当権つき預託金制度を採用してゴルフ場を再生できた。

私の出発点となる記念すべき事件だった。

「大きな流れを感じる」能力の欠如

東相模ゴルフクラブは再生したが、ほとんどのゴルフ場破綻事件で会員たちはやられっぱなしだった。ごく少数を除き。――なぜだろう?

そのひとつは、会員たちが、個々に分断されてしまうところにある。

分断される限り、情報を「共有」できない。そのため、不満を述べるばかりで運動にはならず、主導権をとることができない。バラバラになったら最後はみなあきらめてしまうからだ。

確かにわが国では、フランス革命のような市民自らの流血によって新しい社会をつくるという変革を経験していない。主体的に、自らの「共有」の歴史をつくるための血を流したことがない

＊令和３年８月、ようやく消費者庁も個人事業者の被害が多いためか、一定の場合、特定商取引法などの適用可能性を確認したかのようである。

ので、すぐバラバラにさせられる。

バブル経済崩壊後の日本経済・政治・文化いずれの場面でも、日本人からは、グローバルな流れに置いていかれているという危機意識がまったく感じられないのはそのせいだ。

ジョン・ダワーの『敗北を抱きしめて』やデイヴィッド・ピリングの『日本——喪失と再起の物語　黒船、敗戦、そして3・11』（上・下　早川書房、2014年）は、外国人からの敗北日本の総括である。

ジョン・ダワーの『敗北を抱きしめて』（上・下　岩波書店、2001年、増補版2004年）

両書ともにうなずくことが多く、いずれも戦後、幾度となく論じられてきた日本人の弱点である「大きな流れを感じる」能力の欠如を指摘している。ダワーは「敗北」という結果だけを抱きしめる日本人の素朴さに同情するほどだ。なぜ敗北するのか。明治維新からの長い歴史が関係している。日本国の歴史として教育された歴史が敗北したとき、市民自らの「共有」する歴史を創ろうとしただろうか。歴史はヒストリーといい「ストーリー」を内包する「物語性」である。

このことは、フランス、アメリカ、中国はじめ先進諸国がすべて自然エネルギーへの方向転換を明確に行いはじめているのに、島国日本の政・官・財・学のすべてのトップたちが、いまだに原子力発電推進に疑問を持たないことからも明らかだ。そして選挙になると、そのトップやその支援者たちが再選されてしまう。

ゴルフの世界でも、バブル経済崩壊後10兆円といわれる預託金（預けたお金）が消滅していった時、同じことが起きた。グローバルな流れのなかでそのことがおきているという危機意識がまったくないのだ。

一方で、彼らの面前で、ハゲタカ外資＊の代表ゴールドマン・サックスなどが労せず巨額の利益を得ていた。

他方で全国のゴルフ場会員たちは、一瞬怒りを表明はするものの、すぐ外資やＲＣＣ（整理回収機構）の、破産するよりはプレー権確保をというキャンペーンを受け入れてしまったのだ。

単体で18ホールのゴルフ場の場合は、ゴルフ場破綻の構図が理解しやすいため、よいリーダーが会員の中にいれば、あきらめずに会員中心のゴルフ場再建が実現できた事例がいくつかはある。

しかし、5コース以上のゴルフ場を保有する大手ゴルフ場グループでは、破綻の構図が理解しにくいことから、会員たちは団結を形成できず、ハゲタカ外資たちのエジキにされたといってよい。日本のゴルフ場に舞い降りたハゲタカ外資は、みごとにリーマンショック前に多額の利益を回収し、飛び去った。

これが日本の現状である。この現状に対し、市民たちが最後まであきらめないで、変革を実現していかない限り、社会を変えることはできないと思う。

＊浜田和幸『ハゲタカが嗤った日』（集英社、2004年）

4章　アイルランドの和平はなぜ実現できたのか？

日本人に欠けているもの

２０１８年の夏、約10年ぶりにアイルランドの素晴らしいゴルフ場を再び訪問することになった。

「世界で最も美しいコース」といわれるバリー・バニオンをはじめ、ラヒンチ、ドゥーンベッグ、アデアマナー、ロイヤル・ポートラッシュ、ロイヤル・カウンティ・ダウン、ポートマーノック、ジ・ユーロピアン……前回は、アイルランド観光庁とのタイアップ企画で、ある雑誌にアイルランドのゴルフ場紹介記事を書く親善大使のような役目だった。

今回は、まったくプライベートな旅だが、アイルランド大使館を訪問し、資料や情報をもらった。たまたまその中に、激しいテロを繰り返していた北アイルランド紛争の解決に尽力したジョン・ヒュームを取り上げた映画のチラシがあったのだ。

カトリック（5世紀のセント・パトリックの布教・旧教）系のアイルランド共和国は、

１９２１年英国より独立している。ゴルフで言うと、２回全英を制した強豪パドレイグ・ハリントンの国だ。彼が２００６年、日本で開催された「ダンロップ・フェニックス・トーナメント」で、タイガーをプレーオフで破ったのは忘れられない。

これに対し、プロテスタント（新教）系の北アイルランドは、16、17世紀にイングランドとスコットランドからの大量の入植により、北アイルランド6州はプロテスタント住民が支配していた。こちらは、ゴルフで言うと22歳でメジャー初制覇を成し遂げたローリー・マキロイの国だ。

日本人にはわかりにくい国家及び宗教対立構造という一番解決がむずかしい北アイルランド紛争問題が、どうやって解けたのかは、うかつにもまったく知らずにいたのだった。

すぐ上智大学まで行き、そのドキュメンタリー映画（『平和の名のもとに　ジョン・ヒューム・イン・アメリカ』２０１８年）を観た。

60年代のアメリカ公民権運動の高まりを受けた、カトリック系住民差別撤廃運動の中心人物がジョン・ヒュームだった。１９７２年1月30日、カトリック系住民14名を英国軍が射殺した「血の日曜日事件」以降、カトリック系住民はアイルランド共和国との統合を、プロテスタント住民は英国との連合維持を求め、双方で武力が行使されていたのだ。

そんな中、ヒュームは、現代では一見無力とも思える「非暴力」を手段として「誰をも排除しない非排他的なアイルランドの達成を目指した」のであった。

ヒュームがすごいのは、頭が固いプロテスタント国英国を押さえ込むため、アメリカ合衆国のアイルランド系政治家を味方に取り込んでいったことだ。

つまり「非暴力」という一見ひ弱な強制力のない運動も、政治力と人間力を駆使して英国を押さえ込める有力なアメリカ人政治家たちを味方につければ、社会を変えられる有力な運動、つまり勝てる運動に転化できるのだ。

確かにケネディ大統領も西部劇のジョン・ウェインもアイルランド（愛国）生まれの名前だ。『風と共に去りぬ』の主人公スカーレットの故郷タラは、ダブリン近くにある丘だ。アメリカ国民の1割、３６００万人がアイルランド系だというし、第46代バイデンまでの歴代大統領のうち半数近くがアイルランド系だというのだから、アメリカにおけるアイルランド系の力はかなりのものである。しかも、19世紀半ばに極貧のなかアメリカに渡ったアイルランド人の苦難と差別の歴史がある。その歴史が祖国に対する共感を裏打ちしている。アメリカ大統領選挙が近づけば、候補者たちは、選挙結果を左右するアイルランド票獲得のため、アイルランド訪問をする。

クリントンの名前がバリー・バニオンに残っているのは、そういう理由があるのだ。

ヒュームは、85年英愛＊合意締結、93年英国・アイルランド和平共同宣言、94年停戦を導いた。その後ヒュームは第一線を退いたが、96年にＩＲＡ（アイルランド共和国軍）が停戦破棄、武力闘争を再開するも、98年4月聖金曜日協定合意で流れが決まり、２００５年ＩＲＡの武装解除確認を実現する流れは止まらなかった。

その歴史的な武装解除確認直後に、私は親善大使を務めたことになる。

２０１４年には、両政府はストーモントハウス合意を成立させ、北アイルランドの和平と経済復興を推進中である。

＊愛は、アイルランド。昔の国名漢字表記。

２０１９年、なんと68年ぶりに北アイルランドのロイヤル・ポートラッシュで行われた全英オープンも、その流れのなかで位置づけられたのだろう。その晴れやかな舞台で、なんと共和国生まれのシェーン・ローリーが悲願の優勝というドラマ。

ところでヒュームの「非暴力」は、現在の日本人に欠けているものを決定的に教えてくれる。非暴力というのは、権力ゲームのなかでは最も非力と思われているものであり、右翼陣営から集中砲火を浴びるような社会運動である。「非暴力」はおくびょうものというわけだ。他方、20世紀非暴力の父であるガンヂーは、「非暴力」が、暴力の数十倍の勇気を必要とすると言っていた。

そこに生まれるのが人間力である。ヒュームはよく知っていた。

人間力だけが人間集団を動かす政治力になる。人間力と政治力を駆使すれば、誰もが解決をあきらめてしまうような武装闘争問題でさえ「非暴力」で解決可能なのだ。

私は、政治については専門家ではない。でも社会を変えることについては学生時代から興味があり、弁護士になってからもそのような問題意識は持っていた。

ちなみにものの本によると、社会運動についての理論に「イノベーター理論」というマーケティング理論がある（小熊英二『社会を変えるには』講談社現代新書、２０１２年）。

イノベーター（革新者）理論

市場も運動も、どちらも人を引き寄せ集めないといけないからだろう。

この考えは、消費者を次のように分類し、流行のようなものが社会全体に広まるかは、②のみならず③が乗ってくるかにかかるとされる。

①革新者（イノベーター）２・５％
②初期採用者　13・５％
③前期追随者　34％……社会全体のトレンドになってから早めに動く
④後期追随者　34％……遅めに動く
⑤遅滞者　16％……最後まで乗ってこない

つまり、普及度が①②の合計16％を突破すると、爆発的に普及が広まるということだ。

確かに、東相模ゴルフクラブでは、競売と破産という刺激的な背景を受け、権利を守ろうと立ち上がった会員は16％の壁をあっという間に突破して、50％を超える組織率を達成した。太平洋クラブでも同様だった。

私の実感でも、はじめから過半数獲得を目指さないでも社会的運動は展開できることは理解できる。これはかなり確率の高い経験則だろう。

トップを走るイノベーター（革新者）は、２・５％と言わず、経験的には３人でいい。３人のイノベーターたち（２人ではつぶされる）が、自分の周辺にいる人たち10人を巻き込めばすぐ30人が集まり、その30人が同じことをすれば、３００人が集まるのだ。

そして３００人が集まって行動すれば、現代のマスコミ社会では注目が集まり、トレンドになれる可能性が広まる。大変わかりやすく興味ある理論である。

要約すると、自分の周辺にいる人たちを巻き込む力、それがヒュームの言う非暴力から生まれる人間力であり、それこそが、われわれ日本人に欠けているものということになる。

ジャーナリズムと社会的な運動

『ＦＡＣＴＡ』という雑誌が、《「スルガ方式」でボロもうけ　信販8社が悪徳融資》（２０１８年9月号）というセンセーショナルな見出しで、「ゴルフスタジアムの詐欺事件」の片棒を担いだ信販会社（ジャックス、オリコ、セディナ〔現ＳＭＢＣファイナンスサービス〕、クレディセゾン等）を槍玉に挙げた。

　これは甘い与信管理が問題だという鋭い記事だ。そのせいで１０００人の被害者を生んだ、という写真入り記事を掲載した『ＦＡＣＴＡ』は、マスコミがあまり踏み込んで書かない、経済界の内幕を独自の取材網で鋭くえぐるので有名な近頃珍しいジャーナリズムだ。

　その『ＦＡＣＴＡ』が、なぜ、こんな事件を取り上げたのだろうか。

　ゴルフスタジアムという会社が、ゴルフの練習ソフトをゴルフ練習場とゴルフのレッスンプロたちに売りつけた。時には１０００万円もする結構な高額商品（というのは真っ赤なウソ。使いものにならない、価値なきモノ）なので、信販会社にローンを組んでもらえばいいという。買うお客さんには「ホームページ作成管理をタダでします」、「その代わりそのホームページにゴルフスタジアムの広告を載せてください、広告料を支払います」ともちかける。そうすれば、ローン支払いが広告収入でドローになるといううまい話だ。うまい話にはウラがあった。つまり、ホームページを作ってゴルフスタジアムの広告を載せたのに、広告費は入ってこなかった。残ったのは、信託会社へのローン支払いだけ。

そこで、「ゴルフスタジアム被害者を守る会」有志たちが集団訴訟を起こすことになった。記事はそれをきっかけに書かれた。

記事の「スルガ方式」というのは、スルガ銀行がもっぱらこの方式でローンを組ませていたところからきている。これは、スルガだけではないいわゆる「ノンバンク」（もちろんリース会社はその代表）たちが、銀行ではないことをいいことに「銀行法」では違反になる行為を、この低金利時代、資金運用に困って手を染めたカラクリだ。

この『ＦＡＣＴＡ』記事は、このマイナス金利のカネ余り時代、そうしたバックにメガバンクがいる信販会社たちノンバンクが、スルガ方式でゴルフスタジアム事件のような被害者づくりをやっているぞ、という先取り記事だと思う。

そうだ、やっぱり社会的な運動というものは、報道を担う人たちに共感してもらわないと報道してもらえない。メディアに取り上げてもらうための表現として「デモ」が今までいちばん取り上げられやすいやり方だった。「デモ」という出来事をニュースにできたからだ。

しかし、２０２０年1月におきた「黒川検事長の定年延長問題」は、ひとりの女性会社員による「おかしい」という疑問の「ツイート」ＳＮＳ（ソーシャル・ネットワーキング・サービスsocial networking service）の拡散によって、実際のデモと同じような効果を生むことになった。

これは「ツイッター・デモ」と言われる社会現象として報道され、国会でも取り上げられた。3日間で400万のリツイートがおこなわれた新しい共感の仕方だった。ひとりで何回でも拡散できることを計算に入れても、40万~50万のアカウントから発信されていたという。

もちろん裁判でも裁判官たちに共感してもらうことが大事なのだ。

「クラチャン荒らし」はいけないか？——人間力について

ある年、北海道の名門、小樽カントリークラブでプレーしていたら、ゴルフ仲間の松山千春さんが小樽のクラブ・チャンピオン、通称クラチャンだったことを思い出した。

キャディさんにきくと、前の週、クラブ競技に出ていた千春さんと2ラウンド一緒だったという。小樽ではクラブ選手権に出るには、年間一定回数のクラブ競技に出ていないといけないそうだ。

そういえば、関西地区では、同じ日にクラチャン予選を行って、同じ年にあちこちのクラチャンになることと、つまり「クラチャン荒らし」を防止している。複

クラブチャンピオンのプレート（NSAJ）

数のゴルフ場が相談して同じ日に予選をやるなんて、まるで上場企業の株主総会を連想してしまうが、総会屋さんと似たイメージのクラチャン荒らしは、あまりよくは思われていない。

ゴルフをはじめてみると、いつも高めのビジターフィーを払ってゴルフ場を渡り歩くことが、少しばかりさびしくなる。日本はアメリカと違って、誰でも行けるパブリックコースが少ないので、なおさらだ。でもバブル経済崩壊のおかげで、どこのゴルフ場会員権も安くなったから、メンバーにお仲間入りすることがやさしくなった。

さて念願のゴルフ場に入会したら、ハンディキャップをとって、クラブ競技というものに参加してみたくなる。まずは、毎月行われている月例競技。そして理事長杯やキャプテン杯。最後はハンデなしのスクラッチ競技であるクラブ選手権、いわゆるクラチャンだ。

メンバー制ゴルフ場では、その名誉を称えてクラブ創立からのチャンピオンの氏名がボードに刻まれている。

本来は、毎月のクラブ競技で腕を磨いてきたメンバーたちが、1年に1回、その年最強の選手を決めるため集まって開催されるのがクラブ選手権のはじまりだった。

そのような生い立ちからは、「クラチャン荒らし」などは登場しようがない。クラブライフというものが地域に密着し、メンバーの生活に欠かせないものになっていれば、小樽や関西のゴルフ場のような「防止策」はいらない。

米英のゴルフ場を見ていると、年会費が高いこともあり、複数のゴルフ場に入会ということ自体がほとんどない。

ところが日本では、複数のゴルフ場に入会する人が少なくない。つまり「クラブ」という文化がないからだ。年会費も安い。設計にほれて複数のゴルフ場に入会する会員もいるわけで、年会費もきちんと払っているメンバーなら、クラブ選手権だけの参加も許してあげたらどうかと思う。

かくいう私も毎年3コースのクラブ選手権に挑戦させてもらっていた。もちろんクラブのことはクラブがきめるのだから、出場資格を多少制限することは、いけないわけではない。でも、ゴルフの精神「あるがまま」というところからみるとどうなのだろう。そのクラブのチャンピオンが、年1回しか来ないようなメンバーに負けなければ、この問題は起こりようがない。

年1回しか来ないメンバーがクラブ選手権にでることを、あたかも道場荒らしと同じ下品な輩のように扱われるのには、若干の違和感がある。

というのも、クラブチャンピオンというのは、単に腕っぷしが強いというだけではないからだ。ゴルフは、ゴルフが上手ければ尊敬されるという世界ではない。クラチャンは、そのクラブのいわば象徴的存在として名誉を与えられ、誇りを持たされる。

相撲の横綱は、「品位」を問われる。ゴルフのクラチャンはジェントルマンシップを問われる。横綱審議会の役割はクラブの理事会が担っている。

日本でのクラチャンは、競技会で優勝すれば与えられるが、本当のクラブのチャンピオンは「人間力」を問われるものだと思う。

5章　社会的に弱い人たちが闘うためには……

あきらめた時点ですべては終わる

17コースを保有する、よく知られた共通会員制ゴルフ場グループがあった。もともと東京近郊の平和相互銀行系のゴルフ場で太平洋クラブという。日本を中心に「アジア環太平洋で１００コースつくる」とぶち上げていたので知っている人も多いだろう。

１９８５（昭和60）年、相互銀行内部の覇権争いから経営悪化。翌年、大手住友銀行が、相互銀行を合併したついでに、このゴルフ場グループも引き取った。メガバンク住友銀行直営ゴルフ場になったわけだ。

じつはこのとき、多額の会員預託金つきのまま売られていたのだが、その後にバブル経済がやってきたので、浮かれ騒ぎのなか預託金問題は忘れられてしまった。

そして、バブルが崩壊した。それにつづく長期の平成不況のなか、不良債権をかかえすぎた銀行合併がつづいた。三井銀行と太陽神戸銀行が合併してさくら銀行になり、さらにさくら銀行と住友銀行が合併して三井住友銀行となる（２００１年）騒ぎである。

長期不況からの脱却をはかろうともがく銀行群。その中のひとつ、メガバンク三井住友銀行であっても、太平洋ゴルフクラブを維持する余力まではなかった。手放す決断を迫られる。

さすがに同銀行はそれを公表することができず、２００７年、大手電鉄系東急不動産グループに２００億円でひそかに売ったのである。ゴルフ会社の株とゴルフ場向け抵当権つき（不良）債権６００億円が売却対象である。もちろん会員からの預かり金６００億円はそのままだ。しかも三井住友銀行は、太平洋クラブと東急グループが提携したとして、銀行員を太平洋クラブに派遣してまで、会員権を売る手伝いをしていた。

会員２万人の前で、日本の名門３大ブランド（三井・住友・東急）が本当のことを説明しなかったのである。

東急不動産は、いわば生煮えのトラブル含みのゴルフ場を購入したわけだが、２００８年のリーマンショックと２０１１年の東日本大震災が、東急不動産の思惑を打ち砕いた。これ以上は持ちこたえられない。東急不動産は、２０１２年初頭、太平洋クラブに民事再生をかけた。

外資系安売りゴルフ場経営会社アコーディア・ゴルフ社に転売するためである。

誰のための再生案かを訴えたプレート

アコーディア・ゴルフ社は、アメリカの投資銀行ゴールドマン・サックスの不動産投資ファンド傘下、日本の大手ゴルフ場グループを次々と安く手に入れ、上場までした日本トップ規模のゴルフ場会社だった。安く手に入れる手口は、スポンサーになって「民事再生」にかけること。しかしそれが2万人太平洋クラブ会員の怒りを買う。

されどゴルフ場には抵当権付債権が付いており、会社側がそれも押さえていた。だから会員側が勝てると考える法律家は、ゴルフ大好き会員の私以外には、1人もいなかった。従業員も会員の多くも、あきらめるしかないと思い込まされていた。ところが、この予想はみごとに裏切られ、会員は完璧な勝利を勝ち取ってしまったのだ。法的にはあり得ないとされていたことが、みんなの見ている前で起こったのだ。

天は自ら助くるものを助く……

日本の大手有名ブランドを使い、ゴルフ場経営会社が会員たちをミスリードしつづけたこの事件。私は、

会員がまとまって仲間割れせず、最後まであきらめず闘えば勝てる——と会員に訴えつづけた。

会員以外の応援団にも恵まれたこの運動は、前章で触れた「イノベーター理論」における16%の壁をいつか突破して、過半数に届く勢いに成長していったのだ。

そして債権者集会の投票では、ダブルスコアで奇跡の会員勝利に至った。外資系安売りゴルフ場経営会社アコーディア・ゴルフ社をみごとに追い出したのだった。

さて、会員たちの勝因は何だったのだろうか。私が考えていたのは、こんなことだ。

まずは、鋭い問題意識を共有できる会員を３人探すことからはじめる。その３人のまわりには、彼らに共感し行動を共にする仲間が、それぞれ最低10人はいるはずだ。そこでまず核となる30人が出現する。

そして、その30人のまわりには、彼らのシンパが、それぞれさらに10人はいるはずだ。それで最初の３人が呼びかけると３００人近くが行動する機動部隊ができるわけだ。３００人がまとまって行動すれば、マスコミも取り上げざるを得ない。

ということは、３００人の行動で、ひとつの世論が形成される可能性が生まれるわけだ。マーケット理論でも、流行は敏感な3％くらいが動くとその周辺の関心ある層が動き出し、20％くらいに達すると大ヒットになるという。

ズボンの太さやスカートの長さの流行を思い浮かべて欲しい。世の中の流行と社会的な運動には、実は共通性があるのだ。

そのような社会的運動をつぶしてしまう最大の原因は、「仲間同士の争い」である。仲間内の争いごとは、全体の空気を読んでいる中間層の離反を引き起こしてしまう致命的な原因なのだ。

だからこそ、いつの世でも支配者は、「分断して統治せよ」を貫いているのだ。社会的な運動の「敵」が、常に運動体の分裂を仕組むというのは、歴史が証明している。その分裂策動が成功すると、社会的な運動は、あっという間に終息する。

多くのゴルフ会員の運動がそうして挫折してきた。まさに、ＯＢラインのない、なんでもありのゴルフの世界で、会員は常に「分断」されて「統治」されてきたのだ。

天は自ら助くる者を助く――。

社会的に弱い人たちが闘うための「絶対」キーワードは、

①絶対に最後まであきらめないこと
②絶対に仲間内で喧嘩しないこと

につきるのだ。

あきらめずに頑張ると援軍が……

太平洋クラブ会員たちを支えるスポンサーに、エンターテインメント企業、株式会社マルハンのオーナー韓昌祐《ハンチャンウ》さんが名乗りを上げてくれたのは、大いなる力になった。

韓さんが太平洋クラブのスポンサーになったのは、時代の大きな流れに対するはっきりした読みがあったのだろう。でもそんな韓さんにも、もう自分の会社が駄目になるとあきらめかけた時期があったのだそうだ。

韓さんは、ボウリング事業で大失敗。数十億の負債の大きさに、さすがの韓さんもなすすべもなく、貸出先の商社に、「借金を返す自信がありません」と投げやりな態度で説明に行ったという。ところが、そこで意外なことに、商社の幹部からこんな言葉を聞いたのだ。

「あなたがギブアップしたら、保証人さん皆さんが倒れるのですよ。だから考え直して、頑張ってほしい。応援するから」と。

自分があきらめたら多くの人が倒れてしまう――。ここからは、経済合理性を超えた次元の再建ストーリーだった。

企業の再建には、ヒト、モノ、カネが必要と言われる。でも命がけで頑張るひとには、不思議とこれらが後からついてくるのだ。

アイルランドの西海岸、死ぬ前に1度はプレーしてみたい「天国にいちばん近いゴルフ場」といわれるバリー・バニオンゴルフクラブ。ここもペブルビーチと同じく海岸浸食が激しく、オープン後しばらくして、護岸工事資金に窮した１９０６年。その時、すっくと立ち上がり資金を提供し会員の先頭に立って、バリー・バニオンを救った元インド軍の将校バーソロミュー大佐以下４人の男がいたという。「民主的」な議論などしている時間がないときに、決断できる人は美しい。

パットを制するものは

オーガスタを何回訪れただろうか。

初めてマスターズを見に来た時はやたら動き回ったが、年とともにポイントを絞るようになる。もちろん奇跡のチップイン・バーディを見るにはあちこち動くにかぎるが、でも、あらかじめいい場所を確保して待っていたほうが、いい場面をしっかり見ることができる。

ショップでイスを確保して、お気に入りのシッティング・エリアに置いておく。

最終日は、18番のいいところにイスを置いて、まずは注目選手を追いかける。最初に見るのは、1番ティ近くのパッティング・グリーンだ。

最近は、オーガスタの練習グリーンでも、メカニカルな練習をする選手が増えてきた。

タイガーは、右手1本ストロークからはじめ、かなり時間をかける。そのうち年上の親友マーク・オメーラとパット戦をはじめた。勝ったほうが、次のホールを決めて、先に打つ。

これと対照的なのが、ミケルソン。ホールのまわりにボールをいくつか置いて、ひとつずつカップインしていくのは毎年同じだが、優勝した頃からまったく雰囲気が違ってきた。これまでは、コーチのデーブ・ペルツやキャディとおしゃべりしながらリラックスして練習していたのだが、最近はおしゃべりなしの真剣勝負。

キャディがウェッジでカップから1クラブの距離に時計の文字盤のように10個ボールを置くと、ミケルソンはひたすら、約1メートルを入れつづける。

5個カップインすると、キャディがボールを取り出し、また並べる。まっすぐなラインばかりではないので、ミケルソンも必死だ。多分はずすと最初からやり直すつもりなのだろう。なんと10周入れつづけた。

ということは100発連続入れたということ。腰には悪そうな練習だが、1メートルのパットに自信を持つことが試合では絶対的に重要ということ。

最後にむずかしそうな下りのロングパットの練習をやったが、時々キャディがウェッジでボールが止まった位置をチェックする。1クラブ以内に入っていればYESのサイン。そうか、そこまで寄れば、あとは百発百中のショートパットでいけばいいのだ。

ショートパットに泣いてきたミケルソンが2回オーガスタで勝てたのはこの練習の成果だ。

でも、2007年、ミケルソンは不調で優勝争いに絡まず、タイガーもアンダーが出ないまま。そんな状況のみんなのマスターズを制したのは、シーモア・パター*を使ったザック・ジョンソンだった。パインハーストNO・2の18番、ミケルソンの目の前で、2段グリーンの下から長いパットを入れ全米オープンに勝ったペイン・スチュアートと同じシーモアだった。

ゴルフは、最後の最後までわからない。

わずか1メートルの距離とは、あと1打でゴールという局面である。昔から「100里の道は90里もって半ばとする」ということばがあるが、ゴルフでは「あと一歩」が大事なのだ。

ミケルソンは、最後の1打のプレッシャーを「乗り越える」ために練習をした。ということは、最後まで「あきらめない」ために何度も練習をしたということだ。

＊ヘッドにある目印を見えないように構えると、狙ったラインに打ち出せるパター。

6章　ゴルフ版「経済敗戦」を総括する

日本のゴルフ場数は世界第4位

太平洋クラブ事件にもゴルフの最終ホールのように一打を争う局面があって、会社側が持っていた巨額の抵当権付債権の行方によっては一瞬にして逆転敗北もありえたのだ。

そんな2年余の事件の顛末を、『ゴルフ場　そこは僕らの戦場だった』（２０１５年3月、ほんの木）という本にくわしく書いたのだが、平成生まれのゴルフをやらない若い人から、「抵当権付債権ってなんですか?」と聞かれた。専門用語の説明が丁寧ではなかったかと思ったらそういうことではなく、「よくわからないところが多い」という。

なるほど、ゴルフ場をめぐる事件がはじまってからの30年という時代をリアルタイムで生き闘った私が「自明」にしていることは多い。つい「言わずもがな」だと思ってしまうが、そうではないのだろう。改めて問われれば正確にわかっていないかもしれない。「コモン」（共有）としているつもりがそうではないのかもしれない。

いちばん恐れることは、私が「文化産業論」の地平と考えているまさしくその場に、前後の脈絡もなく落下傘で降りてきたように若い人が生きているそのことだ。

ともかく、今一度、日本のゴルフ場がどんどん外資系に飲み込まれていった30年にわたる歴史背景、文化産業論に至る道程をトレースしなおしてみよう。

この日本にゴルフ場が雨後の竹の子のように生まれたとき、その数はいくつだったのか、どのように推移していったのかその正確な数字も所轄の経産省ですらわからない。第一、「ゴルフ場とは何か」という定義すらはっきりしていない。

世界一「優秀な」日本の「官庁」で、ゴルフ場の定義もできていないのかとおどろくが、福島の原発事故で「放射能漏れ」がおきたときも、「放射能漏れ」が何十年もの間想定されておらず、「放射能漏れ」を担当する役所がどこか、だれにもわからずおおあわてになった。

時代の変化が対応しきれないほど激しかったのか、官僚が無能なのか。明らかに後者だろう。かつて、日本の官僚たちは時代を先取りするほど優秀だった。でもいつの日からか、彼らは自分の頭で物事の是非を考えることを学んだ優秀な人たちではなくなっていった。彼らの優秀さは、上から指示されたことについては、その是非などまったく疑うことなく、それを要領よく記憶し実行する能力を重視する学校教育の上での優秀さにすぎなくなった。

原発も上からの指示で推進した。推進するにあたり、事故と被害についての責任について法律を制定しろという指示があったから法律もつくった。しかし誰も「事故が起きたとき」のことは指示がないから、いざ「放射能漏れ」の事態が発生したときに、どの官庁が担当すべき問題かがわからなかったという。安全神話に浸かっていたというが、その安全は、官僚自身の身の安全のことだろう。

官僚組織では、「長いものには巻かれろ」が安全だと徳川時代から決まっていて、日本人は「お上」のいうことを無条件に信ずる傾向はまだつづいている。そんな国の発表するデータには、「レジャー白書」も含め、常に裏があると考える必要がある。

ゴルフ場の正確な数字を把握していない裏とは、「たかがゴルフ」としか思っていないことだ。一般にゴルフ場とは、18ホール以上でパー72前後を言っている。ところが、同じ市町村に、６コース１０８ホールがあるゴルフ場もあれば、12ホールしかない（でもパー3、パー4、パー5がある）コースもあったりする。定義しようとすると案外ややこしい。ホール数はさまざまだが、ほとんどパー3ホールのコース（いわゆるショートコース）も多い。どれも「ゴルフ場１」とカウントするのか。そんな面倒をあえてするほどの価値があるのかという程度だ。今でもゴルフは「レジャー（余暇）」と位置づけられている。

官庁が軽視しようとも、民間はそれなりの手法でしっかり数字を押さえている。ＮＧＫ（一般社団法人日本ゴルフ場経営者協会）は毎年日本のゴルフ場数を発表、１９５７年に１１６だったのが、１９７５年には１０９３、１９８９年には１７２２と増えつづけ、２００２年に２４６０コースとピークをむかえる。

ＮＧＫは、ゴルフ場利用税の課税状況からゴルフ場数を割り出すので、ひとつのゴルフ場がダブルでカウントされる。19ゴルフ場が隣接都道府県にまたがるので、「実稼働のゴルフ場」は

２０２０年10月現在、２２０９（２２２７マイナス18）と発表している。

さらに、太陽光発電ブームとゴルファー数減少を受けて、最近はさらにゴルフ場数は減っている。太陽光でホール数が減ったからといってそのままゴルフ場数が減るとは限らないが、日々閉鎖・開店を繰り返すレンタルＤＶＤ・ＣＤ店同様、リアルタイムで実数を把握するのはなかなかむずかしい。

とはいえ世界のゴルフ場数からみると、２００７～２００８年アメリカ1万５５９０、カナダ２３００、イングランド１８９７、オーストラリア１５００。ただし英国を連邦として合計すると２７５２あるので、事実上日本は世界4位で、カナダの次となる（月刊ゴルフマネジメント創刊３００号）。

日本のようなは平地の少ない小さな島国が、世界有数のゴルフ場数を持っているがゆえに、私の未来像としてのゴルフ文化産業イメージがつくられているのだが、お国はとうていそこまで成長していない。ましてやこのゴルフ場を豊潤な文化資源だなどという発想は期待すべくもない。

お隣の韓国は、日本のゴルフ場乱造によって被害者が出ていることから学んで、ゴルフ場づくりに厳しい法的規制をかけた。事実上国家管理にしたようだ。最新情報では、数も５０１コースに増えている。利用者数はバブル期並み、18ホール換算で8・6万人（２０２１年5月14日ゴルフ特信）と日本の倍程度。だから、安い日本のゴルフ場を買いに来たわけだ。

国家戦略として20年以上も前から文化産業政策をとっているお国だから、バブル期の日本においに学んだのだろう。

バブルとその崩壊のナゾ

２０２１年、いま東京の不動産の価格は、ミニバブルといわれるくらい、復活しつつあるようだ。銀座あたりには、バブル期の価格を超えたところもあるという。いわゆる「外国人買い」が多いのだろうが、まさか、1坪当たり２０００万円とかのバブルピーク時のマンション異常値を期待しているわけではないだろう。

そう。「バブル」（泡）はそのさなかには気づかない。「バブル」の起源という、17世紀オランダで起きた「チューリップ・バブル」。チューリップの球根ごときが、「値上がりするぞ」という風評だけで毎日空前の値上がりをし、さらにみんなで買いあさって値段を上げつづけ、球根ひとつで家1軒分くらいまで釣り上がった。そしてある日、球根1株を誰も買わない日が来て、その噂ひとつでアッという間に球根はタダの球根に戻ってしまった。

それが日本でおきた。ナゼか？　それに答えようと分厚い本が何冊も出て、経緯は極めて明解にたどれるが、ナゼかという疑問には、本当のところがもうひとつわからない。「第２の日本敗戦」というくらいだから、真珠湾攻撃の裏のような裏があるかもしれない。

真珠湾奇襲攻撃をアメリカは事前に知っていた、あれはヤラセだったという「真相」話*はたくさんの本になっている。三流の暴露本ではなく、当時のアメリカの関係者が真摯に検証して書いている。しかし、決定的な証拠は出ていない。

＊『真珠湾の真実 —— ルーズベルト欺瞞の日々』ロバート・Ｂ・スティネット／妹尾作太男訳／文藝春秋社、2001年

面白いのは「真相」といわれる裏情報が、決して日本からは出てこないことだ。欧米は大統領、首相以下重要なポストにいた人々は必ずメモワールを残し、その情報はいつの日か公開されることになっている。したがって、後世の人はそれをもとに情報の裏表を常に学習している。

しかし日本では、当事者が沈黙を守ることを美学としているから、情報の裏表を学習する機会がない。根深い文化の差であろうか。現在でも、世界中で情報戦が戦われ、特にサイバー時代になってからは日本政府の内部情報は全部アメリカに筒抜けだとささやかれている。情報戦でもっとも重要なのは、「バレていることがバレていないことだ」といわれるのだから、知らないのは日本政府だけという間の抜けた話になる。

「真珠湾奇襲大成功」と同じ表は、バブル時の「ジャパン・アズ・ナンバーワン」という馬鹿騒ぎだったのだろうか。確かに同じように数年後「敗戦」と「バブル崩壊」が来る。とするとその裏は、両方とも「日本つぶしの仕掛け」なのか？

疑いようのない歴史的事実は、日本のバブルの崩壊とほぼ同時に、ベルリンの壁も崩壊し、冷戦終結と共産主義、社会主義国家の崩壊も起こったことだ。こうした崩壊を受け、ロシアも中国も国家ぐるみで資本主義の道を歩きはじめ、アメリカ「資本主義」は、ひとり勝ちとなった。

「資本主義」の原理は、資本を投じて利益・利潤を生み出すことにある。バブルのような利益を否定するどころか、むしろこれを奨励する。人間の欲望を否定しないで、むしろ社会発展の原動力としている。だから、バブルは資本主義に必然的に伴うもの、と言っていい。

そしてバブルは崩壊する。マルクスはバブルとは言っていないが、「資本主義は自らのなかに崩壊の要因をかかえている」と論じたわけだから、そう言っていいだろう。

司法の場でも裁判官が、「景気変動のひとつとして想定可能」といったことを判決に書くのは、「資本主義において」は当然のことと考えられているからだ。

資本主義ひとり勝ちの世界では、いつでもケインズ経済学（マクロ経済）にしたがって「景気動向指数」なるものを打ち出している。４半期別ＧＤＰ速報とか日銀短観とかいろいろあるが、おおむね「想定可能」が前提である。

これに対して、想定不可能な事態もあることを「事情変更の原則」と称し、そういう場合には「信義則」をもって対処することを原則にするという。

「事情変更の原則」というのは、第１次世界大戦後のドイツで当時としては「想定不可能」なおどろくべきインフレが起きたときに論じられたものだ。だから「原則」といっても条文化されているわけではなく、法の大原則「信義誠実の原則」を根拠にして対応すべきだという議論そのものである。「景気変動」は資本主義経済のなかでのことだが、「事情変更」は、大きな社会的変革、資本主義社会そのものを根底から覆すような場合だから軽々に弁護士もこの議論を持ち出す訳にはいかない。

さて、バブルとその崩壊、そこに続く数々の出来事は、狭く資本主義経済上の想定内の出来事だったのか？　マルクスの描いた資本主義経済崩壊という社会問題だったのか？

ここが本書の大きなテーマなので、ゴルフ場のケースで詳細に見てみよう。

7章　真相究明を裁判所が阻止する

金融機関の「貸出稟議書」はなぜ公開されないか？

資本主義的と言えば言えないこともないひとつの問題は、バブル期のゴルフ場の評価だ。

１０００万円でもゴルフ会員権が買えなかったのだから、あの頃の銀行を含む全金融機関はゴルフ場の評価を今では信じられないくらい高くして、それがまかり通っていたに違いない。本当のところ、どうだったのか？　それは当時の銀行貸出稟議書を全面公開すれば、わかるはずだ。

もちろん、一流銀行の１枚の貸出稟議書は、みごとに一貫した内容で矛盾なく仕上がっているだろうが、時系列的に同じ取引先の複数の稟議書を並べてみれば、矛盾だらけで一貫性がまったくないとひと目で分かる。そう証言するかつての金融関係者はたくさんいる。

もはやこの世から消えてしまった当時の一流金融機関のまじめなエリートサラリーマンたちの思い出すのも悔しい出来事だっただろうから無理もない。当時の貸出競争の激しさは、まごまごしていたら競争相手の金融機関に大きな仕事を取られてしまうというプレッシャーで彼らの冷静な判断力を無効にしたのだ。各銀行の支店長が、何でもいいから担保取って貸し付けろと旗を振って取引先訪問にかりたてた。住友と富士銀行の「戦争」、つまり顧客の取り合いである。バブルは、精神状態もバブル状態にさせた。

それまでの日本の銀行は、極端にいえば、「おカネもうけなどという下品な行為はいたしません」というくらい気位の高い仕事だった。絶対に損しない「手堅い」というイメージだ。まるでお役所、結婚相手が銀行員なら一生安泰と言われたくらいだ。その銀行員が目を血走らせておカネもうけに走った。

マイナス金利の現在では全く信じられないが、１０００万円銀行へ預金しておけば1年で50万円の利子がついた。預金者にそれだけ払っても大丈夫、貸出先から80～１００万円の利子をとっているから、という具合だ。１０００万円借りた方は、１０００万円で買った土地が1年後に２０００万円に跳ね上がっているから問題なし。すぐその土地を担保に２０００万円貸してくれと銀行に言う。土地も株価もどんどん値上がりしているから、銀行も２０００万円の貸出稟議をすぐ書いた。金融機関が資金を供給しなければ、あんなバカ騒ぎは起きなかったはずだ。

だから本当にバブルを総括するためには、全金融機関の貸出稟議書を全部公開して、その原因を突き止めた上での総括が必要なのだ。ところが、貸出稟議書は公開されない。

最高裁判所は、原則として、貸出稟議書の公開を認めない

今や金融機関は「お客の資金運用計画についての安全配慮義務」を法的に課せられている時代だ。でたらめな貸出をしてお客に損をさせた責任は金融側にあるというものだから、バブル期に貸し出された資金の大半がいい加減な担保物件の評価による大雑把な稟議書によるものだと明らかになったら、大変な騒ぎになるだろう。

ところがバブルの総括をしようとして、稟議書の公開を最高裁判所に求めても、「もっぱら文書の所持者の利用に供するための文書」であるから公開は認めないと判断する。それは法的判断ではなく政治的判断だと反論しようが、最高裁はびくともしない。

なぜなら裁判所も立派な国家機関だからなのだ。三権分立とはいえ、最高裁裁判官は内閣（長官は内閣指名に基づき天皇が任命）が任命するし、高裁以下の下級裁判所裁判官の任命権も内閣が持っている。だから、普通の裁判官たちは、任命権者に盾つくことはしない。

貸出稟議書が公開されたら、おそらく時の政権は持たないだろう。それだけではない。裁判官のなかには、社会の秩序崩壊を招くかもしれないという憂国の士もいるかもしれない。しかし大半の裁判官は家庭もあり生きていかなければならないから危険な行為は避ける。へたなことをすると、最高裁裁判官出身者といえども、大企業にどんどん再就職（一種の天下り）するのだから、就職先を失いかねない。大企業は、東大などの大学教授を雇い、囲い込んで都合のいい論文を書かせる。彼らは自分たちの既得権が侵害されないようさまざまな工作をしているふしがある。

その結果、「生きている金融機関の貸出稟議書は提出命令の対象にしない」という最高裁判断となるのだ。たまには破綻した金融機関の貸出稟議書を、「例外的に提出命令の対象にする」という最高裁判断がくだる。その理由はおおむね、「金融秩序が混乱しないから」ということになる。

正確には、もっぱら金融機関内部で利用される目的で作成された文書だから、「特段の事情がない限り」自己利用文書に該当する、つまり提出命令の対象にはできないということだ。しかも、破綻しても再生手続き中の金融機関だと、「看過しがたい不利益」が生ずる恐れありとして、「特段の事情」を認めないのだ。裁判所が、社会秩序の混乱を避けるという時の政権に配慮する。

すると、メガバンクに統合された金融機関の内部情報は、社会秩序に大きな影響を与えるゆえに彼らが生きている限り出てこないことになる。リーマンショックのときも、モルガンスタンレーやゴールドマン・サックスは、その破綻懸念による資金流出が止まらずあと1週間持つかどうかという危機に立たされた。しかし、日米両政府は日本のメガバンクを使い、土壇場で彼らを救済してしまった。

はたしてこれは、社会秩序を守ったのか、ゴールドマンらを守ったのか？

日本と違ってアメリカでは、重大事件後に必ず真相究明の情報が明らかにされる。『リーマンショックコンフィデンシャル』（上・下　早川書房、２０１０年）という本で、NYタイムズトップ記者アンドリュー・ロス・ソーキンがこの問題を追及している。この本は私の愛読書だが、日

アンドリュー・ロス・ソーキン『リーマンショックコンフィデンシャル』加賀山卓朗訳（上・下　早川書房、2010年）

本企業にえらそうにお金を貸していたあのゴールドマンが、じつは倒産寸前で国家に助けられていたという実相を読むと、その逆説的な相互救済劇には苦笑を禁じえない。

　ゴールドマン出身者が、アメリカ政府の中枢にたくさん入り込んでいるといわれる。そうした政府が一部の私企業を救済してしまうことが、生き延びた資本主義の将来を議論するときに、大問題になっているところだ。

日本はなめられてないか

　裁判所は、銀行の「自己利用文書」といわれる貸出稟議書の公開を認めない。銀行にかぎらず、私企業の内部情報は、表にほとんど出ない。それが許されている。外国資本は、日本人のそうした習性をよく知っている。だから日本で大活躍するハゲタカたちは、日本の律儀な相互秩序維持の慣習をたくみに利用するのだ。

　わかりやすい例は、日産自動車再建のキーマン、ゴーン氏だ。彼の役員報酬の高さは、日頃から気にはなっていたが、ふたを開けてみたらびっくり。公私混同の限りを尽くしたかのようなひどい話が、検察サイドから流れてくる。律儀な日本の経営者たちは、よくぞわが社のために再建してくれたとその辣腕をたたえるが、何のことはない、日本人にはできかねる４万人従業員の首切りをしただけだ。さすがに今回は、内部通報者を保護する「司法取引」が日本でも導入されたため、代表者解任を実現できたのだ。

代表者解任と言えば、古くは三越岡田茂氏、イトマン河村良彦氏の退場ドラマがあった。三越は三井銀行、イトマンは住友銀行がからんでいたが、どうして銀行からお金が流れていくのか本当にわかりにくい。イトマンなどは３０００億円が闇に消えたと言われている。まるで怪談だがその詳細は闇の中だ。

逆に言えば、わが国の株式会社法制、特に取締役会、監査役制度、株主総会はきちんと機能しないものとして、外国人たちは捉えているということだ。だからゴーン氏が登場できるスキがある。もっと言えば、監督官庁もマスコミ・ジャーナリストたちも、記者クラブの存在とあいまって、企業広告費をばら撒く大企業の言いなりになっていたということだ。

ゴーン氏の日本脱出劇があまりに映画じみていたため、お笑いニュース番組の格好のネタになってしまったが、そろそろ自分の目と足をつかってしっかり現場を見、事件の真相を自分の頭で考えてほしいものだ。

8章　誰も知らないゴルフ場の値段

バブル期、日本のゴルフ場の価値は？

裁判所の証拠開示をあてにせず、バブル期のゴルフ場価値を自分なりに算出しようと試みると、確かにゴルフ場が実際の価値としていくらくらいのものかを割り出す方法はむずかしい。専門的には、「収益還元法（ＤＣＦ法など）」や「原価法・取引事例比較法」といったわかりにくい算出方法を使うのだ。

裁判所でも、裁判官が自分で算出せず一般財団法人日本不動産研究所といったところの出す分厚い鑑定書を頼りにすることもある。一応、国家試験の「不動産鑑定士」という正規の資格はつくってあるが、誰が見ても正しい鑑定というわけにはいかない。

バブルとバブル崩壊の大きな落差を間近で目撃した者として、何よりもまず不動産鑑定のいい加減さを指摘しておきたい。金融機関の巨額な「担保権付き債権」となった根拠は何だったのか。この件に関して金融機関はいっさい口を閉ざし、バブル期のことは先輩たちが勝手にやっていたことだとばかり、ノーコメントを貫き通す。ゴルフ場が倒産して会社更生法が適用になってからでも、むかしの更生管財人は巨額な担保権付き債権が再建の邪魔になっていることを十分承知しながら銀行に対してなにも言えなかった。収益還元法（特にＤＣＦ法）なら10億円も評価がつかない（中にはゼロ評価のものもある）ゴルフ場が数百億円の評価を受けていた時代があったのだ。

バブル期に１億円を超えていたゴルフ場会員権評価が、今は１００分の１以下になっているということは、ゴルフ場会員権が、物的な担保のない単なる紙切れでしかなかったことから生ずる当然の結論かもしれない。

しかし、会員権が紙クズであろうとなかろうと、銀行が巨額な担保として評価したゴルフ場はそうした会員の支払った「預託金（預けたお金）」によってつくられた物件である。となるとこうしたゴルフ場の事業そのものが問題になるが、日本ではゴルフ場の事業規制はまったくなかった。バブルがはじけた後、平成５年（１９９３年）に会員契約適正化法施行という形で募集規制が開始されただけである。ゴルフ場事業そのものには規制がないので、数ばかり増えて、質のともなわないゴルフ場ばかりになった。そのつけが回ってきたのが現状なのだ。

１ホール10億円

さて、実際にバブル時代、ゴルフ場をつくるのにいくらくらいかかったかと調べると、ゆうに２００億円を超えていたという。バブルピークの１９９０（平成２）年ころの話だ。その30年前、

1960（昭和35）年ころには5億円程度だったというから、その他の物価上昇を考えても、ゴルフ場建設費の高騰ぶりはすさまじい。

この場合、18ホールとすれば、だいたい1ホール10億円強ということになろうか。私もこの目で、旧東相模ゴルフクラブという山梨のゴルフ場の200億円以上の鑑定書を見たことがある。バブル破綻後の鑑定書でもそんな評価がなされていた。その鑑定にもとづいて、旧埼玉銀行と蛇の目ミシン＊の巨大な担保がついていたのだ。また裁判例で明らかになったゴルフ場評価では、やはり旧埼玉銀行系の浜野ゴルフクラブについて、平成4（1992）年時点で、321億4600万円の鑑定書が存在した。

会員権の方は暴落、紙切れ同然の惨憺たるありさまになっているというのにだ。浜野ゴルフクラブ会員権のピーク7000万円が今350万円程度。小金井カントリークラブがピーク5億円で、今4000万円程度。旧外資系やまだ預託金問題を解決できてないゴル

浜野ゴルフクラブ

＊小谷光浩という〝乗っ取り屋〟に食い込まれていた上場企業。

フ場の評価は、１００分の1以下で、中にはゼロ評価もしくは閉鎖のゴルフ場も少なくない。この巨額担保権と紙キレとの差を怒りなしに考えられるのか。

関東地区の会員権業者組合のデータ（約１５０銘柄平均）によると、関東ゴルフ場会員権相場はピークの１９９０年2月に４３８８万3千円をつけた後下げつづけ、大底と見られた２０１２年には、１８７万４０００円を記録している。つまりピーク時の20分の1を切っていた。その後多少回復傾向にあったものの、株安を受けたのか、２０１８年11月には最安値１５６万２０００円を記録。２０２１年9月には、２１１万円に回復している。

回復とはいっても、ゴルフ会員権の弱さは歴然としている。バブルピーク時のゴルフ場数は１８１８コース（１９９０年）、1コースあたりのホール数が当時20・3ホールというから、１９９０年当時の日本のゴルフ場ホール数は、3万６９０５ホールということになる。もし1ホール10億円と評価するなら、なんと

川奈ホテルゴルフコース

36兆円になる。瞬間風速かもしれないが、時価総額として36兆円という計算も不可能ではない。

36兆円。まさに日本版チューリップバブル。金融機関は、虫食い土地だろうが、穴ぼこだろうが、不動産であれば、何でも貸しまくった時代だった。ゴルフ場でいえば、宮崎フェニックス、静岡の川奈ホテルゴルフコース、千葉の真名などに都市銀行や地方銀行から1000億円を超える資金が投入されていた。

小金井カントリー倶楽部の会員権が5億円になった理由もしっかりある。いまや住宅地の中にあるゴルフ場20万坪をすべて宅地にできるなら、現況でも坪最低100万円はする。だから、総額2000億円。それを会員株主数400で割ると、会員ひとり当たり5億円という計算だ。

日本中に資金がどんどんばらまかれた不思議な時代、ということは、なにもなく資金が動くはずはないから、それをバックアップした不動産鑑定書がたくさん作成され、貸出稟議書に添付されたということになる。

9章　最高学歴優等生がコースを間違えるわけ

1コース12億円〜16億円

1コース２００億円を超えていたゴルフ場は、現在、いくらするのだろうか？

会員権相場の大底以降、ゴルフ場評価は多少は持ち直しているとはいえ、川奈やフェニックスなど半ば叩き売りに近い実例のほか、この間無視できない売買事例が登場している。

２０１４年発表のアコーディア所有90コース１０００億円売却や、太平洋クラブ（17コース、３３３ホール）のスポンサー金額２７０億円といった価格の平均値を取ると、18ホール１コースあたり12ないし16億円という評価も不可能ではない。

バブル期の10分の１以下だが、千葉には、会員さんの預託金を全額返済させて、かなり相場を超えた高額の買値で資産家が購入したという個人のためのゴルフ場が登場しているという話も耳にする。なお、最近の情報では、２０１９年のオリックス39コース売却価格平均は、23億円だったといわれているから、バブル期の10分の１より少しはましかもしれない。

アラブやアメリカの超金持ちの世界のようにはいかないが、日本でも条件のいいゴルフ場には高い買いが入る時代になったのかもしれない。

日本でもそういう時代が来たと考えたいところではあるが、アベノミクス以降のばら撒きによる、見せかけの景気回復にも乗れないほとんどの日本のゴルフ場の実態からすると、そんな時代はまだまだ先のことだ。『隔日刊ゴルフ特信』が毎年集計しているゴルフ場売買事例平均値（２０１２年度期９億円。２０１７年度は前年比11％ダウンの７億５５００万円。最高額の西宮六甲ゴルフクラブ19・５億円。２０１８年度は９・４億円、２０１９年度は23％上昇して12億円。２０２０年度も同程度）からすると、１コース評価最大10億円が限界ではないか。

とすると、最新ゴルフ場数２２０９として、２兆２０９０億円となる。ピーク時36兆円のたった６・１％だ。それでも平均値だから、売れるゴルフ場の評価に引っ張られている印象がある。実際のところかなり多数のゴルフ場が眠っている。売れないどころか価値の評価すらできない多くのゴルフ場の存在を考えると、ピーク時の20分の１以下、つまり４～５％程度（総額で１兆４４００億円ないし１兆８０００億円）程度ではないだろうか。

消えた34兆円

ゴルフ場の数をどのようにカウントするかについては、ＮＧＫ（一般社団法人日本ゴルフ場経営者協会）と、『隔日刊ゴルフ特信』とではゴルフ場の定義に差があるので数も違ってくる。細

1コース平均のゴルフ場売買価格推移

年度	全体	単純平均価格	前年度比	成立	売買価格	前年度比
2004年度	57	9億6315万円	78%	49	9億6713万円	75%
2005年度	52	8億9392万円	−7%	43	9億9564万円	3%
2006年度	72	14億7713万円	65%	50	15億4089万円	55%
2007年度	69	12億1903万円	−17%	44	13億4822万円	−13%
2008年度	50	7億3989万円	−39%	40	8億3650万円	−38%
2009年度	43	4億8673万円	−34%	29	4億5841万円	−45%
2010年度	45	5億6970万円	17%	27	7億5300万円	64%
2011年度	43	10億1702万円	79%	22	6億4536万円	−14%
2012年度	37	8億3658万円	−18%	26	8億9670万円	39%
2013年度	35	11億5565万円	38%	31	12億3774万円	38%
2014年度	30	4億7785万円	−59%	23	5億4072万円	−56%
2015年度	25	6億7522万円	41%	20	7億8529万円	45%
2016年度	24	7億5035万円	11%	18	8億5242万円	9%
2017年度	10	6億9714万円	−7%	7	7億5571万円	−11%
2018年度	26	8億4731万円	22%	21	9億4731万円	30%
2019年度	48	21億3021万円	152%	9	12億0500万円	23%
2020年度	20	12億6947万円	−40%	20	12億6947万円	5%

ゴルフ特信　2021年（令和3年）8月11日（水）13日（金）合併号　第6689号
表の「全体」および「成立」の数値はコース数である。「売買価格」は個別ゴルフ場価格が判明したもの。「単純平均価格」は、個別価格不明の平均値。

かにカウントしてみたが、いずれにしてもピークの36兆円という気が遠くなるような評価金額と現在の２兆円にも満たない評価の差額約34兆円のキャピタル・ロスは、疑いようもない。たくさんのゴルフ会員が支払った預託金の総額、銀行が湯水のように貸し出した資金、それによってつくられたゴルフ場の総資産価値36兆円が、たったの２兆円になってしまったのだ。差額約34兆円はいつどこに消えたのだろうか。

そこが私の永年の宿題だった。全ゴルフ場がバブル崩壊後も何ごともなく今日に至ったのであれば、不動産評価の問題だと言ったかもしれないが、現実に２０００余のゴルフ場に起こったバブル崩壊後の血みどろのマネー争奪戦を体験、目の前にした身にしてみると、その経過を細かに追跡するに値する大きな疑問の塊だけははっきりしていたのだ。

そして数年前、一生懸命調べて考えて出した結論は、想定したとおりだった。やはり会員たちの犠牲において、主として旧外資系ファンドに34兆円の利得が行ったのではないか、ということだった。

詳細に調べなければ、感覚的にまさにバブルの泡で、あの時経験したユーフォーリアという熱狂的陶酔がもたらした実体などない架空のものと言ったかもしれない。実際、あの馬鹿騒ぎはそういう側面もなかったわけではないから、お祭りが終わったあとはあまり細かいことは詮索せず、ああ面白かったねと感想を抱いておしまいにするのがおおかたのバブルの感想だろう。

しかし、調べれば調べるほど問題の根が深いことがわかってきた。

２０２１年９月、日本一のゴルフ場数を誇るアコーディア・ゴルフが新オーナーを探して、なんと１６９コースを４０００億円を上回る金額で入札が進んでいるという。ゴルフ場の質とは別にスケールメリットを求めて意外に高い値段がつく可能性もあると思っていたが、１コース２３億６０００万円以上。まさにコロナ・バブルの世界。パブリックコース扱いだから出来ること。会員は犠牲になるだけだ。

＊『ベスト＆ブライテスト』サイマル出版会（1976年）、朝日文庫（1999年）、二玄社（2009年）

統計マジック

ケネディ登場以降の「最良にして最も聡明な」人々が、なぜにかくも愚かな決定を重ねたかを詳細に明らかにした本がある。ＧＥＷ社長のお勧めで、ニュージャーナリズムの旗手Ｄ・ハルバースタム著『ベスト＆ブライテスト』＊を読みはじめたら、止まらない。

東西冷戦の緊張のなかで、10万票の僅差で大統領選挙に勝利したケネディの超優秀な側近たちが、ベトナム戦争の深みにはまっていく様子は、生々しい。

巨大権力の力量の割には、内実がまったく充実してないど素人判断の積み重ねでしかない現実を糊塗するため、さまざまな人たちが情報をコントロールしようとして、統計数字を利用するさまが描かれている。

『ベスト&ブライテスト』(the Best and the Brightest) という題は「最良にしてもっとも聡明な」という日本語訳になるのだろうが、一言で言えば「最高学歴優等生」とでもいうことだろう。日本でいえば、国立大学の最高学府試験ならびに国家公務員試験で「頭がいい」と証明された人たちだ。戦前ならそれに陸軍士官学校、海軍兵学校卒業生が加わる。戦前の陸士・海兵の頭脳は、東大・京大の比ではなかったという。その人々が、戦争を指導して、国を滅ぼしてしまった。

「第2の敗戦」と言われるバブルからその崩壊の過程でも、日本の権力の中枢を「最高学歴優等生」が占めていた。日本銀行総裁といわれる人は、「最高学歴優等生」のひとりであったし、内閣総理大臣がそうだとは言わないが、内閣を支える各省庁の官僚群は日本の「最高学歴優等生」たちであることは疑う余地がない。

なぜ「最高学歴優等生」たちが権力を握ると、「最低暗愚者」になるのか?　大変興味深く考えさせられるノンフィクションである。

「最高学歴優等生」たちが得意とするのは、「明晰な論理を客観的に数字であらわす」ことである。現実のミスを統計数字で巧みにごまかす。「すぐれた頭脳」が恥じるのは「下手にごまかす」ことであって、「論理的整合性」を維持しながら巧みにごまかすのは彼らにとって恥ではないのだ。ゴルフ場をめぐる約34兆円のキャピタル・ロスをつくった見えにくい原因のひとつがこれだろう。その意味でジャーナリズムや弁護士は、

「権力は腐敗する」「権力は愚行を繰り返す」

という前提を信じて、権力と正面から対峙しないと真実は発見できないのだ、と思う。

10章　金の流れを追え！

得をしたのは誰か？

バブル期に、ゴルフ場に注ぎ込まれた資金は２つ。

ひとつは会員の預託金、もうひとつは金融機関の担保権付き融資である。

本来、ゴルフ場は会員の預託金でつくられたものだ。それを会員が担保にとるのならともかく、金融機関が担保設定してお金を貸し付けるなんて、まったくおかしいことだ。でも当時、金融関係者もゴルフ場会社も、正常な感覚を失っていたのだ。だから両方ともみごとに不良債権化した。

そうした不良債権額はどのくらいあったのか？　正確な数字はだれにもわからない。

よく、バブル期にゴルフ場が集めた預託金総額は10兆円になったなどといわれるが、預託金の方は経産省に資料がのこっている。金額の根拠は明示されていないが、１９９７（平成９）年11月時点の預託金総額は、10兆２０５５億円。７年後の２００４年11月には、５兆７７５６億円に減少している。７年間で、なんと４兆４０００億円が消えたのである。

それだけではない。その後に法的整理されたゴルフ場の預託金が、裁判所によるカットの対象になって、消えた。会員の支払った何兆円になるかわからない預託金は、姿を変えてゴールドマンほかのファンドに相応の利益として流れたと見るのが常識だろう。

まさに日本独自の預託金システムは崩壊し、会員権は紙くず化。外資系だったアコーディアとＰＧＭが、次々と日本のゴルフ場を買収して、会員の犠牲による極上の甘い汁を吸った。

さらに、銀行が融資した金融債権というものも、前章でも触れたように、実体はよく分からない。お役所の公表する不良債権金額は、戦時中の大本営発表のように正確なところはさっぱりわからないし、当事者の金融機関は、みな不良債権飛ばしで真相を隠すからこれもわからない。

目に見えるのは、外資系が二束三文で手に入れた１割強のゴルフ場が、日本全体のゴルフ場売り上げの２割を稼いでいるという現実だけである。

ゴルフ場の貧富の差と言うべきか、格差と言うべきか。ゴルフ人口激減の世界的傾向のなかで、日本の過剰ゴルフ場は、生き残りをかけ日々しのぎを削っている。

こうした一部始終をお金の流れを追って詳細に調べていくと、みごとに見えてくるものがある。それは、外国資本をからめて、政治、経済、法律が演じた壮大な茶番劇である。

ナゼ日本は転落したのか？

その茶番劇を喝破していた人がいた。ＮＨＫのＮＥＷＳＷＥＢで、平成時代を「とてつもない大転落」「格差の30年」と形容した森永卓郎さんである。

森永さんはあまりに多芸なため、「モリタク」などと言われて変わったオタク・テレビタレント扱いされているが、珍しく冷静に日本経済の実相を何十年も先まで読みきっている慧眼の士である。私が聞いたのは、この20～30年のあいだに日本は、人口も労働力もわずかだか増えているのに、世界に対するＧＤＰシェアが３分の１（18％から６％）に転落したという話だ。

話は大変わかりやすい。日本が愚かな行為をせず、普通並みの経済成長をしていたら、この30年でわれわれの所得は今の３倍になっていたということになる。愚かな行為とはなにか？　小泉政権の構造改革による不良債権処理だ、と森永さんはズバリ言う。あの時メディアも一緒になって、つぶす必要のない企業を軒並みつぶして、二束三文でハゲタカに売り渡したことが原因だと。

私もゴルフ場の現場で見てきたからすぐわかる。森永さんは、ハゲタカは外資ゆえ利益を全部持っていく。利益を労働者に分配する気はさらさらないから、日本の格差がとてつもなく拡大したというのだ。

かつての格差は、正社員と非正社員の格差拡大、つまり下の層がさらに下方へ格差を広げたのに対し、平成の格差はひと握りの「富裕層」がとてつもない利益をひと夜に獲得して広げる上方への格差だった。ハゲタカがその見本を示し、ハゲタカを真似る日本人が出現した。

明治以来、「欧米化」は日本のお家芸だが、彼らが日本を食いものにするのを真似て、自分の手足を食べてしまってはもはや芸でもなんでもない。その時の小泉首相はかっこよく、「痛みをともなわずして構造改革なし」と豪語、失業や倒産を恐れずに断行してなしとげた構造改革は、なんと日本の富を海外へ流れやすくする構造改革だったとは。

資本主義の基本は、労働によって付加価値を生み出すところにある。企業が生み出した価値（付加価値）のうち人件費の占める割合を「労働分配率」といって、毎年春闘と称するこの分配をめぐる労資の攻防戦が演じられたものだ。

雇用維持は、戦後の日本政府の絶対守るべき聖域だったが、この30年で聖域はなくなった。そのかわり、今の日本にはすぐ動かせるお金を1億１０００万円以上持っている富裕層が３００万人以上いるという社会になった。世界2位だそうだ*。そう言われても全くイメージが湧かない。実際にそういう人たちに会っているのだろうが、この人が富裕層だという顔が思い浮かばない。そのうさん臭さは、構造改革という名の下、名だたる有名企業30社が、アッという間に消えてしまったうさん臭さと裏表だ。

不良債権処理なら、まさにゴルフ界はその代表的対象であり、私もそこで行われた巨額な不良債権処理事件の生々しい現場にいた。その現場でただよっていたのが同じ「うさん臭さ」だった。

それが、ハゲタカ代表のゴールドマン・サックスの登場でより一層強烈にただよった。あの時代、裁判所にも政府の圧力がかかっていた雰囲気を感じたし、大手の法律事務所が倒産部出身裁判官や倒産村所属の有力弁護士を雇って、裁判所の倒産専門部によく出入りしていたのを見たときにも同じ臭いがただよっていた。

法曹界に生きる人間として、裁判所に限ってそんな政治圧力とは無関係だと信じたかったが、あの当時、例えばゴールドマンスポンサーの案件に対立候補のスポンサーをつけると、東京地裁

＊ワールド・ウェルス・レポート。キャップジェミニというフランスのコンサルタント企業が発表する富裕層調査

裁判長が対立候補に不利になるよう意図的に手続を誘導していたフシがあった。

　私も信じられなかったが、債権者集会という公の場で、裁判長が最高裁のつくったマニュアルを棒読みしてゴールドマンを助ける場面すらあったのだ。マニュアルは会社更生法の中立がない民事再生用のものだったのに、それを会社更生がある事例で棒読みしたから、「民事再生が可決認可されないと破産になる」という、虚偽の脅し文句を裁判所が使ってしまったわけだ。

　そもそも民事再生法施行当初は、再生計画案の対案提出すら、裁判所は許さなかった。施行は２０００年４月。倒産の危機にある企業をおだやかに再建させるための「和議法」という旧法に代わって、「おだやかに」かつ「すみやかに」再建へ向かわせる新たな法律だったが、当初から半年程度で「処理する」に重点が置かれる運用になっていった。

　そこで裁判所が強力な役割を担当した。前にも言ったとおり、裁判官も任命は内閣がするわけで、時の政治的な流れに身を任せる。政府がつくったＲＣＣ（整理回収機構）が事件を持ち込んでくれば、ぐずぐずと腰の引けた日本企業より、国策に沿って「リスクマネー」をすぐ出してくれる外資ハゲタカグループをスポンサーにした方が早い。

　グローバル・スタンダードと称してそのような処理をする道筋を法律によってつくりあげた。

債権譲渡のマジック

「整理回収機構（ＲＣＣ）」は、バブル期の不良債権整理の専門会社として国策で設立された株式会社である。これは、「サービサー法」（債権管理回収業に関する特別措置法）という法律によっているから、どんなヤクザ手法を使おうが、国家が公認した合法ということになる。

１９９９年、同じ時期に「民事再生法」も施行される。倒産の危機にある会社を扱う「会社更生法」と「民事再生法」というふたつの法律をもって、不良債権処理の高速道路をつくった。誰のための高速道路かといえば、結果的にハゲタカ外資のためだったのである。

私が直接タッチしたゴルフ場のような、会員がたくさんいて巨額の抵当権がついている物件は、経営が立ちゆかなくなっても値段がつきにくい。そんな抵当権付債権を二束三文で購入する（債権譲渡を受ける）のは、回収のリスクをとれるものだけだ。国家権力をバックにした「整理回収機構」はどんどん債権を安く買い取って、不良債権問題にケリをつけようとした。

外資系ファンドやＲＣＣ（整理回収機構）は、会社更生法や民事再生法を適用すれば回収可能とサインを出し合い（お互いのリスクを減らした）、超安値で金融機関から上記債権を購入。会社更生法等の入札で高額でゴルフ場売却を実現し、大もうけをした。

仮に、４億円で買ったゴルフ場の１番抵当権つき債権に極度額が40億円ついていると、ゴルフ場が入札で40億円で売れれば、濡れ手で粟。なんと４億円の投資で素早く36億円のもうけが出せたのだ。

常識では理解しにくいマジックだが、債権譲渡の対価を問わない日本民法を逆手にとるやり方。これは本来、事件屋たちが裏社会でやっているヤクザ手法。そんなやり方を、裁判所は認めたのだ。

11章　2度負けた対米戦争

マネー敗戦

よく世間では、わが国の「経済敗戦」とか「マネー敗戦」という言葉を使ってバブル崩壊以来、ハゲタカ外資にしてやられた時期を語るが、太平洋戦争の敗戦を十五年戦争（満州事変から終戦まで）として見るのと同じくらいの長い時間の展望が必要だろう。

さかのぼると、「金脈問題」「ロッキード事件」で田中角栄が逮捕された1976（昭和51）年あたりから経済戦争がはじまったらしい。一説では、田中逮捕以降、日本市場からアメリカ市場に向け、1000兆円規模で日本人の富の流出が目論まれたという。

私もまだ夢中で仕事をしていたから後で知ったことも多いのだが、はっきり記憶にあるのは、竹下蔵相時代の1985（昭和60）年9月22日の「プラザ合意」だろうか。明らかな対米経済従属のはじまりだったと言われる。

「プラザ合意」は一言で言うと、日本の円安・ドル高是正のため、「金利自由化」と「金融市場開放」をアメリカから要求され、丸呑みさせられたという合意と言うより通告ということになる。

戦後日本の奇跡的な経済復興は、政治的に「対米従属」、円とドルの関係で言うと、戦後長い間「1ドル３６０円」という円安・ドル高のおかげだという。つまりアメリカで1ドルしかしないものを日本では３６０円払わされたということだ。

他方、戦後の対米従属というのは、それがだんだん逆になって、日本で３６０万円の高級車がアメリカでは1万ドルで買えるようになったから、どんどん日本車がアメリカに輸出され、アメリカ自動車業界は壊滅的打撃を受けたというものだ。

奇跡的な経済復興は極端な円安、つまり対米従属のおかげだったのだ。プラザ合意の「円安是正」頃には1ドル２４０円になっていたが、アメリカはさらに円高を迫った。

つまり経済的には対等の関係になろうという提案である。プラザ合意の「合意」は日本だけでなく、イギリス、フランス、ドイツ、それに日米の5カ国が「ドルは高すぎるから安くしましょう」と合意したことになっているが、実際は4ヵ国とも日本に合意を迫ったくらい日本経済は脅威だった。

だから同時に、金利自由化と金融市場開放も迫られた。これも「自由・開放」といかにも「対等」な提案に見えるが、これが新たな「対米経済従属」のはじまりだった。なぜならこのあたりが「新自由主義経済」システムへの招待だったからだ。

投資銀行と新自由主義

わが国は戦後の日本国憲法制定と冷戦下、非戦を前面に出したため、軍事的にはアメリカ支配を甘受、政治的従属の体制をとった結果、朝鮮戦争で経済の方は復興に弾みがつき、その後ジャパン・アズ・ナンバーワンと言われるような、アメリカもうらやむ展開となった。それが、ベトナムで深く傷ついたアメリカを刺激したかもしれない。

ベトナム戦争が終わるのが１９７５（昭和50）年。気がつけばアメリカは、政治的にも経済的にもボロボロになった。日本を見ると、なんと「東洋の奇跡」とかいわれている。政治的に従属しているような顔をして、しぶとく経済的にのしあがっていた。プラザ合意の前哨戦は、ニクソン・ショックと言われる１９７１年、あるいはニクソン・ショックの原因となった１９４４年、「ドルを基準にした固定為替相場制」（ブレトンウッズ体制）という世界管理戦略までさかのぼってもいいかもしれない。

ところが負け知らずのドルがベトナム戦争中に破綻した。ニクソンは、「世界を管理するのやめた」と言って「為替変動相場制」に切り替えた（１９７３年）。日本が万博で浮かれているアッという間に1ドル３０８円になった。

日本は田中角栄首相が日本列島改造論をぶちあげ、中国に接近した。すると、田中角栄の金脈問題が浮上して、ロッキード疑惑で失脚。同時にニクソンもウォーターゲート事件で失脚する。2人ともマスコミに贈収賄、盗聴というわかりやすい事件で叩かれて沈んだ。

このあたりから日本政治の迷走がはじまるわけだが、アメリカ社会の実質的経済も深刻な低迷期にはいった。

それを新しい時代の始まりと考えた人たちが、ウォール街にはびこりはじめた「新自由主義経済」を標榜するバケモノたちである。古き良き時代の「プロテスタンティズムの倫理」に支えられたオーソドックスな銀行に代わって、ゴールドマン・サックスのような「投資銀行」がアメリカを代表するようになる。

19世紀アメリカで、手形割引というわずかな利益を１円２円と積み上げながら１００年かけて叩き上げたゴールドマンの家柄である。ゴールドマン・サックスが日本に進出したのは、ちょうど１９７４年、田中角栄失脚、ニクソン大統領失脚の年だ。

それから25年、長銀（日本長期信用銀行）の破綻までじっくりハゲタカは日本の上空を旋回しながら、バブルがはじけた後の青息吐息の日本マーケットを観察したわけだ。

潰してもうける外資再生ビジネス

２０００年ころ、長銀（日本長期信用銀行）が破綻して、新生銀行としてアメリカのファンド、リップルウッドに売り渡された。リップルウッド・ホールディングスという外資は、宮崎フェニックスも一時保有したゴールドマン・サックス出身者たちの会社で、ゴールドマンの別働隊とも言われていた。

国有銀行とまで言われた長銀が破綻すること自体異常だが、それを外国の一企業に10億円で売却する、さらにその拠出金額がたったの１２１０億円だったというのは異常を通り越して「疑惑」にならざるをえない。ここにこそ「裏」があるのではないか？　よく見れば、そのときの日本国政府のアドバイザーは、なんとゴールドマン・サックスだったのだ。したがって新生銀行も、事実上ゴールドマン支配といえるだろう。

日本政府は、７兆円の公的資金を破綻した旧長銀に投入、１９９８年に破綻した日債銀（日本債券信用銀行。のちに「あおぞら銀行」）分も含めると13兆円弱になるという話（紺谷典子＊）もある。

外資系になった新生銀行は、旧長銀時代の貸出先、そごう、ファーストクレジット、第一ホテル、ライフ（信販）などのそれなりの優良企業への融資をストップ、倒産させた。もちろんその内部は、バブル時代に腐っていたのだが、それはバブル時代の金融機関など他の企業と変わらないもので、特別これらの企業だけというものでもない。

それにしてもなぜ、新生銀行は融資した資金が回収不能になるというのにこれだけの企業を次々潰したのか？　ここに裏があった。

新生銀行は、外資系に姿を変えたときゴールドマン流の仕掛けを日本政府と取り交わしていたのである。長銀を外資系へ売り渡したとき、彼らは、取得した債権のうち、3年以内に20％価値が下がった債権は「キズ担保」だといって、預金保険機構に買い取らせる契約を日本政府としていたのだ。悪名高き「瑕疵《かし》担保《たんぽ》条項」というものだ。

「瑕疵」などというむずかしい字でごまかしているが、「キズ」という意味にすぎない。潰した

＊紺谷典子『平成経済20年史』（幻冬舎2008年）

会社はそれなりに優良企業だから、つぶしたあとでもたっぷり「不良債権」を回収するだけの資産があり、外資はそこでも大儲けをするが、それでも損をするときは、日本が補償しろという企業再生ビジネスプロのアコギな手口である。

潰してもうけるのが再生ビジネスだが、日本人同士ではなかなか出来にくいビジネスを外資にさせたわけだ。リスクがあるギャンブル取引と見せかければ、まずはアコギなイメージやリスクを嫌う日本企業を排除できる。日本社会を何十年にもわたって研究してきた成果を遺憾なく発揮している。実際のところ、預金保険機構に1兆円（あおぞら銀行分を含めると1兆6600億円）前後の不良債権を買い取らせている。

そうしてもうけた金は、しっかり税金として日本国家へ支払っているだろうとおもいきや、ここにも「法改正」という見えにくい手口を使っている。ここらが、彼ら本当のプロのすごいところで、もうけた金を税金でもっていかれないように、2003年には、日米租税条約を「改正」させている。つまり、外資系ファンドはアメリカ政府としっかり一体になって、日本に課税権をなくすよう仕掛けていた。しかも彼らは、非課税のオランダの投資組合に出資という形をつくって、本当に課税を免れている。

ハゲタカ外資がボロもうけするという単純なストーリーではないものがここに見え隠れする。公的資金導入といい、瑕疵担保条項発動による不良債権買い取りといい、そこにつぎ込まれているのはすべて国民の税金だ。

それだけではない。小泉政権はその間数十兆円のドル買い支えを行い、その紙切れドルでアメリカ国債を購入している。アメリカ国債を大量に買うのは世界で日本と中国である。こうして、民間のバブル崩壊後のドサクサ不良債権処理と公的資金導入の二本立てで日本の富がアメリカに流出しつづけたのだ。

国家ぐるみの劇場型シナリオ

この何十年にもわたる劇場型オレオレ詐欺のようなドラマをアメリカの政財界はタッグを組んで構想した。狙ったのは1000兆円と言われた日本資産だ。そして、実行した。日本の金融界崩壊までを時間的に追うとこうなる*。

①まず、円高・ドル安・低金利を要求した（1985年9月「プラザ合意」）。

②内需拡大・市場開放・金融自由化・規制緩和・財政支出の拡大をすすめる構造改革の必要をアピール（1986年「前川（日銀総裁）レポート」）。アメリカが要求する構造改革があたかも日本自身で考えた改革になり、誰も反対しにくいムードが広がった。バブルの始まり。

③さらにアメリカが低金利を要求（1987年2月「ルーブル合意」）。日本は株価と地価高騰（1989年12月29日、日経平均3万8957円（15円は終値）市場最高値。外圧バブルのピーク。

④バブルの崩壊が演出され（1990年1月　日本株が空売りされる）、円・株・債券トリプル安。バブル崩壊のはじまり。

⑤「日本の政策当局」が「意識的にバブルを叩き潰した」。株と土地への資金流出を止める「総

＊村松岐夫／奥野正寛『平成バブルの研究（上・下）』（東洋経済新報社 2002年）

量規制」が実行される（１９９０年3月27日）。これは「日銀と大蔵省の逆噴射」と、紺谷典子は断定している。

⑥日本の金融秩序崩壊。三洋証券、北海道拓殖銀行、山一証券、日本長期信用銀行、日本債権信用銀行破綻（１９９７年・１９９８年）。大型財政支出。ゴルフ界のトップ企業だった日東興業破綻も１９９７年末だった。

この先、日本は一体どうなるのかと思わせる危機的状況で、ハゲタカ外資が救世主さながら、日米の政府キモイリで登場すれば、裁判所ですら、ハゲタカ外資をスポンサーして、彼らの大もうけを容認してしまうありさまとなった。

古き遺産としての『ジャパン・アズ・ナンバーワン』

戦後の日本経済高度成長を分析して、日本的経営を高く評価した本があった。

１９７９年、ハーバード大学の社会学者エズラ・ヴォーゲル*が、「アメリカへの教訓」という副題で書いた70万部のベストセラーである。

日本人が、「ＡＳ（アズ）」を「ＩＳ（イズ）」と読み違えたのか、ベストセラーになった。確かに、１９７０年代、２度にわたるオイルショック（１９７３年、１９７９年）を、技術力と勤勉さでしのいだ日本経済は、世界から驚きの目で見られていた。ウォークマン、ＶＨＳビデオ、ファミコンなどといった新商品は世界を席巻したが、アメリカにとってはお家芸の自動車産業が日本車

＊エズラ F. ヴォーゲル著『ジャパン アズ ナンバーワン：アメリカへの教訓』（広中和歌子、木本彰子訳）TBSブリタニカ、1979年

に潰されそうになっている恐怖だった。

エズラ・ヴォーゲルはベトナム戦争に疲れきったアメリカ人へ、日本製品の安価、高品質生産の秘密を説いてアメリカのものづくりを再びよみがえらせようとしたが、同時に日本社会の特徴と弱点を教えることにもなった。ちょうどアメリカ資本主義社会は、オーソドックスな「モノづくり」資本主義から、「金融」というマネーそのものの情報、その情報を扱う「コンピュータ」社会へ移行しつつ、規制緩和、福祉削減、緊縮財政、自己責任をうたう新市場主義、「新自由主義経済」イデオロギーを推し進めようとしている時期だった。

エズラ・ヴォーゲルは、日本社会の「集団主義」「終身雇用」「年功序列」「根まわし」「談合」など日本の特異なものを「ナンバーワンとして」ほめ、同時に日本人は「ほめられると傲慢にならず恥じ入る」性格であるとコメントしている。なるほど日本人はこの本を読んだころから、日本の特徴と言われたものを捨てはじめ、大企業から終身雇用制も年功序列も消えはじめた。

ただ「すぐれた学習能力」と「新しい思想」を素早く取り入れる能力は遺憾なく発揮し、アメリカの新しい経済思想「新自由主義」をエリート官僚とお先走りの政治家が果敢に取り入れ、構造改革を推進した。アメリカは、そういう人たちに「ハーバード・ビジネススクール」で学習することを奨励した。会社では「成果主義」が幅を利かせるようになり、次第に「新市場主義」「新自由主義」の合理性に洗脳されていく。

産業界の技術者たちは、アメリカの産業がコンピュータという新しい技術を中心に変質しつつあることを察知していたのだが、政治・経済界はモノづくりナンバーワンを支えた「日本的なる

「もの」を非合理として、さらに合理的だと考えられた「新自由主義」を学習、第２の「敗戦」を迎えることになった。まさか、何十年にもわたる劇場型の物語をアメリカが仕掛けていたとは考えにくいが、物語製作はハリウッドの専売特許ではなく、アメリカ社会が日常的に使っている手口でもあるというアメリカ社会研究はなされていなかった。前回の戦争敗北と同様、相手の国の「情報」収集・分析をまったくしない日本。

アメリカは前回、『菊と刀』*で日本タテ社会の弱点を知り、今回は『ジャパン・アズ・ナンバーワン』でモノづくり社会の強みと弱点を知ったのだ。

そして日本は、１９９０年代から失われた10年、さらに失われた20年といわれる経済低迷である。それもいまや30年を超えてしまった。失われたと言いながら、なぜＧＤＰ世界３位なのか？それは、『ジャパン・アズ・ナンバーワン』に書かれたとおり、日本人の「追いつき追い越せ」癖による学習能力が、「新自由主義」と「金融資本主義」を短期学習したせいだ。日本も「金融資本主義」の最後尾についている。

平成も終わって令和となった今となっては、世界を席巻した日本のモノづくりはみごとに過去のものになり、気がつけばアメリカのＧＡＦＡ**といった巨大情報産業が世界を仕切ったようにみえる。モノづくりが遺産に終わった後は「ナニづくり」になるのだろうか。

日本のゴルフ界も、毎年同じことの繰り返しをやめて、欧米やアジアで起こっている、想像を超える変化に敏感になろう。

＊アメリカの文化人類学者ルース・ベネディクトが戦争相手の日本人とその文化について調査分析した報告書をもとに書いた日本文化論。
＊＊グーグル、アマゾン、フェースブック、アップル

12章　ゴルフ界のマネー敗戦

一敗地にまみれた１０００コース

私は、「マネー」敗戦を日本のゴルフ場倒産という形で体験したわけだが、ピーク時２４６０コースあった（ＮＧＫ集計、２０１９年３月号参照）ものが現在２２００コース前後に減ったから、２００から３００のコースが破綻したと単純に言うわけにはいかない。

マネー敗戦とは、ゴルフ場が消えたことではなく、いかに利益を外資ハゲタカに吸い上げられたかである。調べると１０００コース前後のゴルフ場が裁判所のお世話になっている。前章までの彼らの手口を見れば、「破綻」し、裁判所のお世話になったということは彼らへの利益誘導がなされたことなのだ。

半分近くのゴルフ場が破綻して、しかもその多くが、生き残っている。競争に敗れた企業が、再生によっていい条件で生きかえっているからそれでよいというわけにいかない。再生ゴルフ場は、新自由主義イオロギーで生き残ったから、周辺ゴルフ場を安売り競争に巻き込み、ほかのゴルフ場も弱体化させるという悪循環業界にしてしまう。

ゴルフ場は、もともと市場原理だけでは成立しにくい世界である。ここにゴルフ文化産業論の成立する基本的性格があるわけで、会員という保護すべき人たちがいるため、優勝劣敗の原理は貫徹しにくい業種ではあった。

かといって、日本のゴルフ場を原状に復して残したところで、時代はかつてのような接待ゴルフを必要とする状況にない。さて、どうしたものかというところに立ち止まっている。

ゴルフ場経営会社の法的整理件数と負債総額については、破綻件数７９５件、負債総額16兆９７６４億円だそうだ（ゴルフ特信情報）。２０１９年末までのデータである。コースでいえば１０２５コース。そこからまだ増えている。２０２０年は、破綻件数４件。負債総額２２８億円とのことだ。

年間の破綻件数が50を超えたのは、２００１年（平成13年）から２００６年（平成18年）まで。この６年間で４４０件、５９５コース、負債総額10兆３９１９億円で、それぞれ１９９１年（平成３年）から２０１８年（平成30年）の28年間の半分以上の数字を記録している。

２００１（平成13）年は、３年前１５０億円近い鑑定価格だった浜野ゴルフクラブ鑑定評価が、45億円に下落した年でもある。９・11同時多発テロの年であり、いさましく「構造改革」をぶちあげ、自民党をぶっ壊すと息巻いた小泉内閣発足の年でもある。前年、２０００年には民事再生法が施行された。

この記念すべき年には、整理回収機構（ＲＣＣ）がゴルフ場にたてこもって抵抗したオーナーを排除すべく、大宝塚カントリークラブ（ローン・スターグループが引き受けた）に会社更生申立をした。また、会員たちがゴルフ場を競売されそうになった清川カントリークラブに会社更生法を申立し、開始決定をもらって競売を阻止した年でもある。ゴルフ場法的整理57件、負債総額１兆４４６４億円となった。

２００２（平成14）年はゴルフ場整理のピークと言える。破綻件数98件、コース数１３５コース、負債総額３兆２３９億円（椿ゴルフの数字）。ペイオフ解禁＊の年だったが、いきなりスポーツ振興グループの会社更生申立があり、その後、日東興業が２年前に和議認可されていたのに民事再生申立している。10月には負債総額４９２２億円のＳＴＴ開発の民事再生法適用申立もあり、大型倒産がつづいた。

２００３（平成15）年は、会社更生法が改正され、浜野ゴルフクラブ会社更生開始、清川カントリークラブ更生計画成立のころだが、ゴルフ場法的整理80件、負債総額２兆１９２億円。

２００４年は大洋緑化会社更生法の年であり、外資系ゴルフ場の数が２００コースに近づいた。

２００５年、71件のゴルフ場法的整理、負債総額１兆４００４億円。２００６年は、52件のゴルフ場整理、負債総額５７９１億円。ともに外資系のアコーディア・ＰＧＭの上場のほか、浜野ゴルフクラブの抵当権無効判決でゴールドマンが敗れ、会員中心の更生計画案成立が話題になった。

２０２１年４月現在、わが国のゴルフ場数２２２０のうち、営業中は２１５１コース（ゴルフ特信）とのことだ。

＊預金を全額保護するペイオフ制度から、一定額を超える預金については、保護（保険）対象外とする制度に変えること。平成１７年４月にペイオフ全面解禁、利息がつく普通預金・定期預金を合算して１０００万円までが保護対象に。

こうして、1000余の破綻ゴルフ場の負債総額17兆円弱を数字だけで見ていくとわからないが、この20年の間に、私が「ゴルフ新理論」を提示した新しい時代の流れが確かな手触りで感じられる。それを「ゴルフ場イノベーション」と呼んでみたい気がする。

「深い溝」を越えるには？

社会を変えるには、結構大きなエネルギーが必要だ。

社会の現状を見ると、必ず「今」に満足しているように見える人が多数いる。正確には、自分で考えることがないため、満足していると錯覚している人が多いのかもしれない。彼らは本能的に、現状を変えることに抵抗する。

その意味で、彼らと変革者《イノベーター》との間に「深い溝」＊（キャズム）がある。

4章で触れた「イノベーター理論」で、イノベーターに従ったひとたちと、その次に来るべき追随者（68％）のひとたちとのあいだにある「深い溝」である。

戦後の日本では、家畜ならぬ「社畜」となって、経済復興すれば明るい未来は約束されるとばかり、

＊ジェフリー・ムーア『キャズム』川又政治訳、翔泳社、2002年

男は外で働き女は家庭をつくってきた。枠の中の方が、安全だし楽だったのだろう。

それが今、崩壊の危機にある。枠そのものが怪しくなったせいだ。枠とは資本主義のことだが、資本主義の原理は「資本と労働」によって商品を生産するシステムだ。その商品がひとり歩きして労働者を必要とせずに利潤を生み出した。ゴルフ場でいえば、ゴルフ場という生産手段そのものが商品化し、マネーを生み出すことになった。そこから締めだされたのはゴルフを楽しむ人たち、つまり会員だった。ゴルフ場は誰のものか？　そこに生まれたのがゴルフ場のイノベーターだ。ただ、そう気づいたひとたちも、まだ自分たちの生活レベルを下げてまで、資本主義崩壊の危機を共有したくはないようだ。

世界では、様々な社会でイノベーターが16％に達し、そこに横たわる深い溝（キャズム）に直面して躊躇している。この溝を越えさせるものはなんだろうか？

13章　だれも総括しない悪い癖

アワと消えたか20兆円

8・9章で、バブルピーク時の日本ゴルフ場評価額を36兆円として、現在の評価額2兆円との差34兆円はどこへいったか考えた。結論は、ハゲタカ外資が何らかの形で持ち去ったというものだった。前章では、破綻して裁判所の介入を受けた約1000コースの総負債額を17兆円弱とした。では、この約17兆円弱とピーク時の評価額36兆円との差額約20兆円は、何なのだろうか?

私の前著(『ゴルフ場　そこは僕らの戦場だった』)では、およそ20兆円の差額は、想像たくましく、検査逃れの「不良債権飛ばし」の金額と、川奈ホテルゴルフコースやフェニックスカントリークラブのようなブランド(のれんのようなもの)に対応する金額ではないかとした。差額は、ファンダメンタルを超えたバブル(泡)の部分というわけだ。

そのバブルが、本当に価値あるもの、あるいは文化であるといってみたいところだが、日本ではまだまだそうはならない。

お金持ちの「コモン」センス

しかし、アメリカ資本がアメリカのペブルビーチを日本企業から買い戻した時のことを考えて比較すると、その文化度が見えて面白い。

ペブルビーチ・ゴルフリンクスは、カリフォルニア州の太平洋に面したゴルフ場で、あのタイガー・ウッズがぶっちぎった２０００年全米オープンの舞台である。

その舞台をつくるため、近隣のカーメル市長だったクリント・イーストウッドやアトランタオリンピックを仕切ったピーター・ユベロスが、タイガー、パーマーそしてニクラスも捲き込んで、ペブル買い戻しの感動的ストーリーをつくったのだ。日本の某企業がバブル時代に約１３００億円で買収し、約８６０億円で買い戻されたそうだ。正確にその数字はわからないが、１０００億前後であることは確かだろう。

名門ペブルビーチといえども、とても収益還元法という考えでは１０００億円という金額を算出できない。しかしアメリカのお金持ちたちは、その金額を出しあって買い戻した。いくらならペブルビーチにふさわしいか、ペブルがどれほどの収益を将来にわたってあげるか、そんな収益還元法など一笑に付したようだ。ペブルの価値はお金ではないという「コモン（共有）」価値の判断だった。

日本では、バブル崩壊後のゴルフ場は、バブル時代のゴルフ場再調達価格を基準とする鑑定理論では説明がつかない状況、つまり大暴落相場になっていたのだ。そこではDCF法を含む収益還元価格をベースとする鑑定評価が主流とならざるを得なかった。

浜野ゴルフクラブの数百億円鑑定が数十億円（8、12章）の鑑定評価に下がった。あのバブル紳士小谷光浩が立てこもった東相模ゴルフクラブですら、バブル崩壊後も数百億円の鑑定書を日本不動産研究所という権威ある鑑定会社が作成していたのだ。

そういうばかげた鑑定を要求したのがわが国の優秀な銀行たちで、しかもいまだにその真実をあきらかにしていないことは前に書いたとおりだ。この日本の「隠蔽体質」が現在もなお健在なところをみると、太平洋戦争の敗戦、今回の第2の経済敗戦も「総括」しないまま先へ行こうとするのは、「臭いものには蓋をする」稚拙な政治家たちの悪習である。

ペブルビーチにて。LPGA27勝のジェーン・ブラロックプロ（右から2人目）と大塚和徳さん（左端）

原因探求へのあくなき意思

アメリカでは、リーマンショックの内幕も、ニューヨーク・タイムズの記者たちが徹底取材して、かなり真相に近いところまで肉薄、『リーマンショック　コンフィデンシャル』という良い本を書いているのだ。取材される方も、政府機関関係者も含めよく話をする。なぜこんな「あってはならないことが起こったのか?」。すべての人がその原因探求をする「コモン」が成り立っている。ベトナム戦争敗北の時もジャーナリストたちが書いている。ケネディ大統領周辺の超優秀なスタッフたちが、本当に愚かな対応を繰り返し泥沼に陥った真相に迫っている（『ベスト&ブライテスト』）。

日本では、そういう情報を官民の上層者たちすべてが、隠そう隠そうとする。「あってはならないこと」が起こると、「なぜ?」とその原因の真実を追究しようとせず、「臭いものには蓋」つまり「なかったこと」にする。だから、記録は抹消するか改ざんする。

その意味では、1929年大恐慌を経験した米国は強者だ。ナゼ大恐慌は起こったのかその原因と過程を徹底的に解明した。他方、井の中の蛙というか世間知らずのお人好し日本人たちは、お上がつねに、「由らしむべし、知らしむべからず」を支配原理にする情報を真に受け、結果的に世界のしたたかなやり方に翻弄されるばかりなのだ。

そういう日本人だから、1929年大恐慌の経験から暴落こそがビッグ・ビジネス・チャンスだと学習しているアメリカには思いもおよばない。

同じように、ペブルビーチ買い戻しを呼びかけた先の5人にかなりのお金持ちたちが協力したことも日本では考えられなかった。これまでの日本の金持ちは、いつでも、それでどのような利益（物質的）があるのかという収益還元法から一歩もでられないのだ。

聞くところでは、アメリカのお金持ちたちは、投資額の回収というよりは、世界に誇れるペブルという貴重な財産の出資者になれたということで満足しているという。アメリカでは、たとえば毎年開催されるゴルフトーナメントが、スポンサーの意向で急に開催されなくなると、地元の資産家が数億円ポンと出資してトーナメントを生き残らせることもある。

また有名ミュージシャン（たとえばジャスティン・ティンバレイクなど）が出身地のゴルフ場が破綻しそうになると、買い取って再生させるなどの話もよくきく。

どちらも収益還元法の発想からは出てこない決断である。ケタ違いのお金持ちの存在と優遇税制の存在が、そのような美談を生み出しているという見方もあるが、それだけではない。お金持ちの文化度の違いがある。彼らはお金で買えない価値を知っている。

ペブル買い戻しも、ニクラスの無償での5番パー3ホールの改造と、2000年タイガーの全米オープン優勝で、出資者たちは充分、元が取れた、つまりプライドというお金では買えない価値に報われたということだろう。

私も、太平洋クラブの闘いで、日本のペブルビーチを目指したのだが、残念ながら日本のお金持ち企業たちには、そのような発想はみじんもないことが判明したのだ。

日本のペブルビーチ・ストーリー

そこで、エンターテインメント企業株式会社マルハンのオーナー韓昌祐《ハンチャンウ》さんにスポンサーを依頼した。

韓さんの場合は、人生観からくる正義感、それと大きなスケールの事業観の違いがあったろう。ゴルフ場は未来のエンターテインメント、文化産業の雄になるという文化産業的見通しだ。だから、会員とコースを守ってくれると固い約束をしてくれたのだ。私達は、その価値観を共有（コモン）することができた。

まさに島国として、黒船やハゲタカ外資に襲われながらも、古きよき伝統を維持しつつ生きつづけてきた日本。しかしそれは、たびたび繰り返すが、数々の歴史的事件を一度も総括せずにきた日本でもあった。

しかし、グローバルな資本主義の国境を超えたマネー戦争のなかで生き延びる道を選択せざるを得ない岐路に差し掛かっているとき、ゴルフ場だろうと、生き残る戦略が必要になった。その時にはからずも価値観を共有できたことに誇りを感じた。

太平洋クラブを買収したマルハンは、１９５７年、会長韓昌祐氏が京丹後市に名曲喫茶「るーちぇ」をオープンしたところにはじまるというから、60年以上の長い歴史がある。

「もはや戦後ではない」と日本が息を吹き返した時代、まちには「コーヒー店」がたくさんでき、名曲喫茶店には西洋のクラシック音楽が流れ、文化に飢えていた若者たちのたまり場になった。その小さな喫茶店が、ピーク時売上2兆円を超えるエンタメ企業となったのだから、韓氏は立志伝中の人物ということになり、その人生は順風満帆と思いがちだがさにあらず、5章に書いた通り、厳しいものであった。経済合理性を超えた次元の挫折と再建ストーリーだった。

そして事業に失敗、経済合理性を超えた苦難は文化問題でもあった。社名の「マルハン」のマルは、パチンコ玉のマルでもあるように、創業2年目からはじめたパチンコ店が事業の中核となり、それがゆえに経済合理性を超えた苦難に遭遇する。

ところが、マルハンのマルが「地球」を意味する時代になり、資本主義経済そのものが地球という観点から合理性を失ってしまった。皮肉なものである。韓氏の生き様から得た独自の新しい経済合理性に刮目すべきだろう。

14章　ゴルフ文化産業論を考える

揺れる小船

ゴルフ会員救済活動をしているとき、しばしば立ち止まって考え込むことがあった。

それはもちろん、依頼人の利益を法的に守る弁護士として立ち止まるわけだが、内田貴先生の教えに従って考えようとすると、法律的な問題をこえて、政治的、思想的、経済学的、自然科学的、歴史的な諸学問ジャンルにまたがることが多くなっていったからだ。

そんな私が、「ゴルフ文化産業論」と題して、何の展望も海図も持たず、ゴルフ業界という海に小船を漕ぎ出したのは、ある直感に基づく。その直感が依拠するのは自分自身の何十年かの経験でしかないが、その合理性を求めて、気づくとはや1年の時が流れていた。

この間、揺れる小船の上で、波をかぶりながら、必死に読み返した先達の書籍たちにすがって、船をようやくコントロールしていたというのが、本音だ。

1章では、自分のやってきたことそのものがゴルフ文化論だったのかと問い、2章では著作権がらみで「文化」そのものを問い、他業界の先駆者に学ぶことを薦めた。

3章以降3回にわたり、ゴルフ場危機時の会員ら法的社会的に弱い人たちの救済活動の成果を報告する中から、ゴルフ界ひいては社会を変えるにはどうしたらいいか、を問うてみた。

6章から13章までは、日本ゴルフ界ならびに経済界の歴史と現状をできる限りやさしく説明して、金融資本主義に変身したハゲタカたちによるゴルフ界の「マネー敗戦」を裏づけたつもりだ。

会員救済活動勝利の背景

ここで、私のゴルフ会員救済活動を再度振り返ると、これは、私が理論や法的な根拠や確信に基づいてやったことではなかったが、しかし実は、理論的にも、それなりに根拠のあるものだったことを確認できる。

つまり、私がこの間事件の現場で行ってきたことは、実感としては極めてゴルフ文化論的なものであったと思う。それは法的にはすべて道が閉ざされ救済の方法すらないとも思われる分野であった。にもかかわらず「ゴルフを何十年も心から楽しんできたという私の全人格」を背景にしたとき、道がひらけた。

具体的には、ゴルフ場の破産・競売という最悪の法的環境だった東相模ゴルフクラブ。そして担保権つき債権譲渡で会員が追い込まれ、あきらめムードが濃かった太平洋クラブ民事再生。

これらについて、怪しげな担保権設定の時期とか民事再生での頭数過半数確保とか、反撃の突破口はあるにはあったが、法に詳しい人たちは、法的には無理と言うばかり。それでは会員は「騒ぐ」しかなくなる。

新理論（1章参照）のときもそうだったが、私の意見は「感情的で法的理論ではない」などと批判されたものだ。裁判所だって、たくさん事件を抱えている以上、事件の背景事情を細かく説明しなくてはいけない案件は手がかかるので、できれば避けたいのだ。

じつはここに問題の核心があった。事件の背景事情を細かく説明していくと、法的理論による合理的判断からは、「人間」がこぼれおちてしまうということが、さすがに裁判官にも見えてくる。彼らも人間のひとりとして、それは文化的存在としての私の直感的判断が、単なる感情論ではないと理解してくれたのだ。

法的整理では多数決が決め手

私の経験では、会員保護は、会員同士が喧嘩せず団結して最後まであきらめないこと（3章、5章参照）で勝ち取られるものだ。正確には、勝ち取られることが、たまにはある、だが——。

これは、まったく法律論の世界とは異なる運動論のように思えるだろう。ところが民事再生法では、普通の裁判とは異なり、最終解決は「債権額」と「債権者の頭数」の多数決勝負で決定されるのだった。だから、私の会員保護論は、実は法律論の範囲におさまっていたのだった。

そして、もうひとつは、アイルランドのジョン・ヒュームが展開した非暴力運動を紹介したとき（4章）に触れた「イノベーター理論」である。普及度が16％を突破すると、賛同者数が爆発的に拡大するいう理論だ。

加えて、これに近い理論ももうひとつ発見した。

12章の末尾で触れた「深い溝」（キャズム）の話である。世間の大半を占める現状維持派と変革者との間には、簡単には越えられない深い溝がある。その溝を越えれば、大ヒット（主流）になるという。

これもマーケティング理論のひとつなのだが、社会的な運動や流行がどうしたら主流になれるのかのヒントが、そこにはある。

さらには、アメリカン・ドリームのひとつとして、ペブルビーチ・ストーリー（13章）も紹介した。これは、後で説明することになる「美学」の問題だった。

これらの理論や実話はすべてゴルフ界の再生に使える内容だろう。

サッカーの川淵三郎さんとホリエモンの対談（GDOニュース）なども、旧態依然たる老害が蔓延する日本政界やゴルフ界への批判として、参考になる。つまるところ「スポーツ文化産業論」なのだが、2人ともごくあたりまえに「そういう時代に入った」と語る。「あたりまえに」というところがミソで、あたりまえに見えなければいけない時代の流れがまったく見えないという致命傷の日本政界とゴルフ業界へのいらだちは、イノベーターが現状維持派の壁にぶつかったとき、誰もが経験するものだ。

私の会員救済の秘訣

ゴルフ場会員たちは、実は法の不備によって、法的には社会的な弱者なのであった。

相変わらず、競売でゴルフ場所有権が移転すると、会員たちの権利は紙クズになるという基本的な法解釈は変更されていないのだ。「競売は会員権を破る」、というわけだ。

あるとき、オリックスが破産や競売でゴルフ場問題を解決しようとしたことを、NHKが大きく報道。それ以降競売は、上場企業がゴルフ場問題を解決する道具としては使われなくなった。

かわりにゴルフ場問題解決に威力を発揮したのは、「会社更生法」と平成12(2000)年施行の「民事再生法」である。これによって全国約1000のゴルフ場が法的整理を経験するに至る。しかもそのほとんどで会員の預けたお金は戻らないが、プレーする権利は、少なくとも表面上は維持されてきた。

プレー権が、裁判所においても保護に値する実質があると評価されてきたのは、債権者の多数決原理で会社の再建が認められる法律の構造に原因があった。

だからこそ、会員をあきらめさせずに最後まで団結を維持してもらうことが、会員保護の秘訣だったのだ。そして形式的なプレー権だけでなく、会員を守ってくれるスポンサーを選ぶ権利も、会員の団結で守ることができたのだ。

アイルランドのJ・ヒュームやサッカーの川淵さんのようなリーダーの「人間力」がゴルフ界にも必要なのだ。

ネットを利用した安易な商売

バブル期には大手銀行自ら不動産等投資にお金を出して、バブルをあおり、多額の不良債権を生んだ。

ゴルフ業界の破綻劇をあえて「マネー敗戦」という言い方で総括しているのは、マネーが手触りのある「お金」ではなく、単なる「数字」で飛び交うバーチャルな時代に入った最初の怖い出来事だったからだ。

ナニが怖いか？　ゴルフ会員権が１０００万円だといわれて、そんなお金をもっているわけがないのに、「いくらでも貸しますよ」と銀行が１０００万円ポンと貸してくれた。妙な時代だったのだが、それが今も姿を変えて続いているということなのだ。

ただ違うのは、「いくらでも貸しますよ」といわれても、買うものがない時代になった。銀行はお金を抱えたまますることがない。お金は余っているので、ノンバンクのリース会社、クレジット会社、信用販売会社にマネーを流そうとする。

彼らは、今も、異常な低金利で浮いたお金を、リース・信販・クレジット会社経由で、国中にばら撒いている気がしてならない。

オレオレ詐欺という、電話の会話だけで数百万円単位のお金が飛び交う現代では、嘘も交えた営業トークで成約した契約代金を、顔も見たことがないリース・信販・クレジット会社の立替払などで調達できれば、一見まともな商売が成り立つ気がするのだろう。

なぜこんなインチキ商売がはびこってくるのか？

それはいったん契約が成立してしまえば、毎月の支払いを止めると「信用ブラック情報」＊に登録され、通常の市民生活が営めなくなる（住宅ローンが組めなくなり、クレジットカードも使えなくなる）から、みんな必死になって代金を払い続けるからだ。庶民の弱みにつけ込んだ、美しくない「ビジネス」であり、オレオレ詐欺の延長線上にあるものと考える。

バーチャル化したマネーは、バーチャル世界であるネット社会に馴染んでいく。いくら便利とはいえ、こんな商売はおかしい。今会員権はそんなには売れないから、ゴルフ界の被害はまだ報告されないが……。

ところが、この本を書き終えようとする時に、安売り薄利多売ゴルフ場会社アコーディアについて、４０００億円以上の入札が進行するという、コロナ・バブルをあおるニュースが発信された。

再度のバブル崩壊により、ゴルフ業界の被害者が激増しないことを祈る。

＊ローンやクレジットの不払い等の「事故」があると、信用情報機関に通報される。俗にブラック・リストと言われる。

15章　未熟な法律家があふれだした

破産事件で知ったこと

先日、東京近県に住む長年の友人から、親戚の会社が資金繰りに困っているので相談したいとの連絡があった。

何回か電話を受けるうちに「ファクタリング」という言葉が出てきたとき、悪い予感がした。以前なら「高利貸し」とか「ヤミ金」という言葉で私たちは、ビクッと反応したものだ。「ファクタリング」とは、だれかがもっている「売掛債権」を買い取って、その債権の回収を行うそれなりの金融サービスだ。でも、今ネットで大宣伝されているファクタリングは、まったくまともなものではない。要するに、「超・高利貸し」が看板を変えただけなのだ。

近ごろ、最高裁が利息制限法の過払い金を広く認めるようになり、金融庁も貸金業法による監督を厳しくするようになったので、「高利貸し」や「ヤミ金」は金融業では食えなくなっているのだ。

ヤミ金が社会問題になったのは２００２年ころで、いさましい「構造改革」の掛け声とともに銀行業界が不良債権問題で次々破綻していったせいだ。雨後のタケノコのようにヤミ金業者が誕生、銀行からお金を借りられない中小企業、零細企業。個人事業者が「高利貸し」につかまった社会現象であった。年利５０００％などというとんでもない利息に自殺者も急増した。

そこで、「貸金業法」も改正され、「利息制限法」と「出資法」のあいだにあった「法の抜け穴」である制限利率を超える利息も過払い金返還の対象にされるので、彼らは、貸金業の看板を塗り替えはじめていたのだ。

手数料という高金利

ようやく相談者に会えたのは、明日の資金繰りがまったくできないというぎりぎりの深夜。聞けば、ファクタリング会社に刑事告訴をすると脅されているらしい。

地元の弁護士さんに相談したら、「刑事告訴されるリスクがある」と警告されたので、親族である友人に「お金を貸してほしい」の一点張りなのだという。

こちらは、会社の決算内容とか資金繰りが聞きたいのに、資料も持参せず、自分が逮捕でもされたらおしまいだと、パニック状態なのだ。無理もない。地元の弁護士さんの言った「刑事告訴のリスク」が間違いだとは露ほども思っていないのだ。なにしろ法律の専門家が言うのだから。

おずおず出してきたのは、「売掛金債権譲渡契約書」の分厚い書類。優良売掛先への回収確実な債権を譲渡する書類を作らされ、毎月80万円受け取り、１ヵ月後に１００万円返すことを繰り返したらしい。差額の20万円は「手数料」という。ここがミソである。

これは、80万円借りて１ヵ月で20万円の後払い利息を払う（月25%利息）とも考えられるし、１００万円を20%天引き（前払い利息20万円）で借りて１ヵ月後１００万円返済するとも考えられる。いずれにしろ、年に換算すると、２４０%とか３００%とかいう超高利払いなのだ。

ご承知の通り、「利息制限法」は貸し金額により年15%から20%を利息として認めているにすぎない。年１０９・５%を超える利息は出資法上、刑事罰の対象だ。

つまり「売掛金債権譲渡契約書」という、「債権譲渡」の裏に隠れた「高利貸し」という実態があるのだ。「ファクタリング」などという欧米の金融資本主義者が考案したヨコ文字についだまされるが、「債権買取会社」の顔をした「高利貸し業」の手口である。

聞くところでは、銀行等金融機関では、借り入れ手続きの審査が強めで、時間もかかるので、病院などでも、超優良債権である診療報酬を担保に入れて、ファクタリングを利用するところがあるという。

年利息２００%ということは、１年借りっぱなしにしていると、単利でも、借金は3倍になる。１ヵ月毎の複利ならとんでもない金額になる。そんな資金づくりは、その場しのぎで、確実に死を招くのは、誰しもわかるはずなのだが。資金繰りに困った会社経営者は、正常な判断ができなくなり、明日の資金繰りのことしか考えられないのだ。

仮に明日しのげても、その先のことは、その日になって考えるしかないという心理状態。そんな人たちにお金を提供するのは、ヤミ金しかあり得ない。それが名を変えて「ファクタリング」

などと法の隙間を見つけて堂々と闇から姿を現すのだ。

実は、一般企業のファクタリングを止めないと、ヤミ金融業者の暗躍は収まらないと思う。ファクタリング会社は、一部上場にもなって「すぐ売掛債権を資金化できる」から、資金繰りには大いに活用したらよろしいと金融庁、消費者庁まで推奨している。どういう推奨の仕方をしているかといえば、「違法な貸付（ファクタリング等）にご注意ください！」という悪徳ファクタリングにご注意というキャンペーンで「推奨」するのだ。この手口は、アメリカ流広告会社の巧妙なテクニックで、いかにも正義の注意喚起をしているようだが、「悪徳」を強調することで、「善玉ファクタリング」を「逆キャンペーン」する手口なのだ。日本の金融庁、消費者庁がまんまとのせられている。よくみると、なんと善玉ファクタリング会社は、新生銀行anew（アニュー）、一部上場ＧＭＯペイメントゲートウェイのfreenance（フリーナンス）となっているではないか。新生銀行は、アメリカのハゲタカに買い取られてしまった「第２の敗戦」のシンボル、かつての国有銀行「日本長期信用銀行」ではないか。

裁判所も含めて、日本政府は、相変わらず「敗戦」を総括せず、未だにアメリカ強欲資本主義の手先を律儀に務めている。

経験がない弁護士たちの判断

ところが、若い弁護士さんたちは、司法研修所で契約書に書いてあることを重視する教育に染まっている。だから貸金でない形式の「債権譲渡契約書」を仔細に読み込んで、文言通りに解釈しがちだ。つまり「テキスト」をテキスト通りにしか読めない。

演劇の世界では、俳優の卵ですら「サブ・テキスト」を学習する。「裏の意味」とでも言うのであろう。「愛している」というテキストを「憎んでいる」というサブ・テキストで言う訓練をする。名優になれば、ひとつのテキストを何十通りの意味をこめて演じることができる。

今回の弁護士さんも、担保に入れた売掛金をファクタリング会社に黙って回収したり、架空の売掛金を担保に入れたと聞いて、それは横領や詐欺になる可能性を指摘したのだろう。契約書をテキスト通りにしか読めないからだ。

でも「倒産」という事態に直面した世界では、資金繰りに困った債務者は、リース物件を2重どころか4重5重にリースに入れたり、架空物件さえリースに入れることもよくある。ということは、リース会社もとっくに想定内のことにしている。ましてヤミ金は、違法にボロ儲けしている連中だから、そんなリスクは承知の上に決まっている。

確かに借り手の行為は決してほめられることではない。しかしすべて刑事事件になっているかといえば、決してそうではない。マスコミが取り上げるようなヤミ金以上に悪質なケース以外は、刑事事件化はされにくい。だから、ヤミ金のおどしを真に受けてはいけないのだ。

裁判所の教養レベルの低下

ところが、裁判所の民事判例を調べてみると、なんと若い弁護士さんと同じような判断を東京高裁がしているのにびっくりした。

当初、大阪地裁が、毎月債権の60％程度の金額での債権売買事例において、正しい判断をしていた。すなわち、このファクタリング契約は、回収のリスクまでファクタリング会社に移転はしてないから、貸金契約の「返還合意」がある、従って利息制限法の適用があると判断したのだ（平成29年3月3日）。

しかしその後東京高裁は平成29年5月23日、「売買の目的とされる売掛債権の各代金は、各債権額の82ないし約92％に相当」する事例で、契約書を検討した。その結果は、回収不能リスクを債務者が負担してないこと、ファクタリング会社が与信調査をしていないことを理由に、本件は「債権売買の実質を有」するから「各金員の交付はいずれも代金の交付に当たる」として、利息制限法の適用はないとした。この判断を最高裁が支持したのである。最高裁までが駆け出しの弁護士レベルになってしまった。

最高裁の「お墨付き」が出たので、裏金融業者たちは、元気づいた。自らの高金利を棚に上げ、一斉に「国家が認めた合法的事業のファクタリングだ」として、ネット上で超スピード資金提供の誘惑を振りまいている。なぜこんなことがおきるのか？

裁判官たちは、契約書の文言が、利息制限法の脱法行為の目的で巧妙に作成され、債務者たちが明日の資金のため正常な判断をできないことを承知で調印することを理解していない。または、理解できない。彼らに、企業倒産の現場のひどさを知らせないといけないのだ。

教訓

ロースクールが導入され、毎年弁護士・裁判官・検察官になる人間は１５００名*規模で増え続ける。未熟な法曹が日本中にあふれはじめているのだ。

彼らには、まず商取引や資産や資金移動というものが、法律の不備や抜け穴を探すことからはじまることを学んでほしい。法律の不備や抜け穴を見抜く力は、法律文をいくら暗記しても得られるものではない。夕暮れまでワルガキとドロンコになって遊んだこともない幼少期をすごし、学校の勉強以外に塾に通ってただひたすら受験勉強をしてきて司法試験に合格した優等生たちは、今からでも遅くはない、社会の現場に足を運んで欲しい。

確かに東京高裁は、ゴルフ場事件でも、先の若い弁護士さんと同じような判断を下した。会員の95%が預託金据え置き期間延長に同意してくれたまじめなゴルフ場について、抜け駆け的に裁判を起こした会員に対し、「預託金返還請求権は、会員の重要な権利である」として、会員逆転勝訴判決を下している。こんなことも、現場に足を運べば、なにが「公正」であるかはすぐわかるはずだ。

一見、正しそうに見えるこの判断がいかに現場と乖離しているか。このゴルフ場は、やむなく会員の公平のため（預託金据え置き期間延長に同意してくれた95%の会員を裏切れないため）、「民事再生」の手続きをとった。あたりまえである。高裁はゴルフ場が一部会員の預託金を返せばそ

*司法試験合格者数は、令和2年1,450人、令和3年1,421人。

れで終わりとでも思ったのだろうか。ゴルフ場が倒産（民事再生も倒産の一形態である）したので、高裁判決は、結果として会員の預託金保護にはまったくならなかった。そういう意味では、東京高裁は形式的な条文にこだわり、紛争の現場を直視せず、時代の変化を受け入れない法律家の集団である。

　彼らは、「最高学歴優等生」であるがゆえに形式的な条文論議から抜け出せない。未熟な法曹とはそういう者たちを言う。巷には、そうした最高学歴優等生の弱点を知りつくした海千山千の強者法曹がいて、腕によりをかけて形式論理のワナをしかけるのだ。条文を金科玉条とする最高学歴優等生は、紛争の現場の修羅場を知らないことと、形式論理を得意とするから、コロリと海千山千の法曹に丸め込まれる。

　その結果、裁判所が保護しようとした意図は裏目に出て、保護どころか会員たちの犠牲において、ハゲタカ外資たちがボロもうけをして飛び去った。国際法曹の世界で戦ってきたハゲタカ外資の弁護士にあっては、日本の最高学歴優等生などカワイイ12歳の少年にすぎない。彼らは、適当な法律がなければ、日本政府に働きかけて新たな法律までつくり上げてしまうのだから、とても太刀打ちできないのである。

　こんな会員権利の保護パラドックスを、裁判官たちはどう考えるのだろうか？

　ちなみに、ヤミ金の刑事告訴におびえていた若者たちは、破産手続で借金を整理し、復活中だ。違法まみれのヤミ金が刑事告訴などできるわけがないのだ。

16章　強欲資本主義はいらない

アメリカでも強欲は反省対象

私の愛読書に、『リーマンショック・コンフィデンシャル』という本があることは前に述べた。それは、ノーベル賞学者の金融工学理論を背景に展開したはずのサブプライム・ローンが、みごとに破綻、世界を震撼させたリーマンショックを、当事者の心理まで掘り下げて描いたものだ。「強欲資本主義」の行方を示すものだろう。

そのアメリカで、近時「奴隷制に原点を置くような資本主義」というような論調で、強欲資本主義に対する反省がされはじめたという。あれだけやるだけやっておいて、何をいまさら、とは思うのだが。

しかし強欲資本主義の結果、「格差の拡大、経済停滞、ひいては、国家の分断、自由・人権の侵害と道徳的観念の劣化」が指摘されているようだ。アメリカの格差拡大＊は、ひどい状態だ。アメリカ人の半数、２人に１人の年収が１９０万円しかないという。強欲資本主義の担い手、１％

＊『つくられた格差』エマニュエル・サエズ、ガブリエル・ズックマン／山田美明訳、2020年、光文社

の富裕層約３２０万人の億万長者の総所得は、49％の中産階級の総所得と同じでさらに増えている。１％が99％から収奪しているともいわれている。

マネーのみをあやつる金融資本主義の社会では、労働力しか資源を持てず食べるのがやっとの１９０万円所得の50％には、お金が回っていかない。国家はマネーをめぐって分断される。自由と民主主義を錦の御旗としたアメリカは、マネーを持てるものの自由を最大限保証するために、新自由主義を世界中にばらまいた。

＊『政府はもう嘘をつけない』堤未果、角川書店、2016年

カネで買えないものはない

『政府はもう嘘をつけない』＊を書いた堤未果によると、なんと太平洋戦争直後の１９４６年の「ブレトンウッズ体制」からの脱却が、金融機関の「強欲マネーゲーム」を肥大化させたという。

「世界で通用する貨幣はドルですよ」というドル体制が、「ブレトンウッズ体制」だ。１９４４（昭和19）年、日本の敗戦直前にアメリカのニューハンプシャー州ブレトン・ウッズで開かれた連合国通貨金融会議（45ヵ国参加）で決められた。

長く続いたその流れに乗り、法外な利益を上げた米国金融業界は、豊富なお金で政治・マスコミをコントロールした。その結果はさらなる規制緩和で、リーマンショックを引き起こす。しかし、彼らはしたたかで、裁判所も巻き込んでしまう。

２０１０年1月、アメリカ最高裁は、「シティズンズ・ユナイテッド」と呼ばれる判決で、アメリカの金権政治を追認してしまった。

簡単に言うと、アメリカには選挙中に流す選挙に関係したコマーシャルを禁止する法律があるが、最高裁が「この法律は〝表現の自由〟に違反する」と違憲判決を出したのだ。結果、金のある候補は金にまかせて相手を攻撃するキャンペーンを張ることとなった。彼らは、好きなだけ政治を合法的に買えることになったのだ。

これをアメリカの憲法学者でもあるローレンス・レッシグ　ハーバード大学教授は、アメリカの全有権者のわずか０・００００４２％が選挙の行方を握ってしまった（1％至上主義）、と指摘する。いまや、アメリカでは「カネ」で買えないものはなくなったらしい。

競争原理のもとで同業者と闘うことより、規制する側にカネを払い、政治という投資商品を買うほうが、楽で効率がいいのだ。

リーマンショックという１００年に1度の危機も、彼らにとっては、「カネ」「ロビイスト」「回転ドア」という「3種の神器」（堤）があればなんとかなってしまう、という。

「回転ドア」とは、「規制される側の人間を、規制する側の政府要職につける」こと。回転ドア人事は金融ばかりか、あらゆる業界に広がった。学者だろうと医師だろうと、彼らの前に回転ドアはまわり続けている。

日本でも問題が起こると必ず客観的な立場からチェックすると称する機関「ナントカ委員会」「ナントカ専門家会議」「ナントカ検査機関」なるものを立ち上げる。原子力、食品、医薬、財政、政府のあらゆる機関に存在する。いかにも第三者で客観性があるように見えるのがクセモノだ。そこに、1％の大企業の息のかかった者が送り込まれる。こうしたさまざまな業種の人物が、ナントカ委員会とか会議に出たり入ったりする。回転ドアはまわり続ける。

トランプが庶民に支持されたのは、「強欲な『1％』から、アメリカを取り戻す」というスローガンによるものだ（堤）。自身が1％に属しているトランプが言うことを信じる有権者も問題だが、トランプ支持7千万票という数がいかに1％への批判が根強いかを示している。

「今だけ、カネだけ、自分だけ」

最近あちこちで政治家も使う、「今だけ、カネだけ、自分だけ」は、東大農学部大学院教授鈴木宣弘氏の言葉らしい*。ゴールドマン・サックスが、日本のゴルフ場でやってきたことも、まさにこれであった。今、金さえ手に入るなら、会員のことはどうでもいい。彼らは、違法でない限り何をやってもいいと居直り、会員から吸い上げるだけ吸い上げ、運営会社を上場させ、巨大な利益をあげた。他方、ろくに納税もせず、ゴルフ場を食いものにしたハゲタカとして、大震災の前に飛び去っていた。

その後わが国のゴルフ場では、年会費は上がるのに会員権相場はまったく上昇せず、会員にな

＊鈴木宣弘『食の戦争』文藝春秋社、新書、2013年

るメリットや楽しみが極端に低下している。なぜそうなったのか？

いちばんの原因は、「サービサー法」の導入で、債権譲渡による法外な利益を生み出すヤクザ手法を、日本国家が認めてしまったことだ。本来、腐った（回収不能）債権を安値で購入しこれを取り立てるなどは、まさに品位がない手法として、日本人はやってはいけないことであった。

しかし、会員がゴルフプレーを楽しんでいるゴルフ場に、多額の担保枠を設定して貸し込んだ金融機関たちは、いざ債権が不良化すると、帳簿から不良債権を消し去ることしか考えなかった。

そこで政府が考えたのが、「整理回収機構（ＲＣＣ）」というサービサーの親玉みたいな組織だ。さながら「国立借金とりたて代理業」である。

そしてＲＣＣと外資系ファンドがサインを出し合い、金融機関としては扱いに困る会員がたくさんいるゴルフ場に国権を振りかざしながら攻め込んだのだ。彼らは、会員のプレー権を保護するポーズをとりながら、会社更生法を駆使して、ゴルフ場を商品化した。「借金が払えないなら倒産しかありませんね」という手口だ。

倒産後のストーリーは、会社更生法申請、資産の凍結、管財人送り込み、新経営陣送り込み、債権カット、プレー権のみで会員の預託金棒引き、たちどころにゴルフ場を再建、新経営陣スポンサーとなった外資系ファンドは、まるまる何百億円という資産を手に入れるというものだ。

そしてこの時期、裁判所も外資とＲＣＣのバルク買い不良債権回収によるボロもうけを手助けしたのだ。

こんな、国家ぐるみの猿芝居が２０００年ころから10年以上続いた。２４００あった日本のゴルフコースのうち約１０００コースが法的整理の対象となったのだ。

プレー権というアメを舐めさせられ、外資たちにいいようにされた会員たちは、最後に太平洋クラブで旧外資に一矢を報いた。しかし、大半の旧外資系コースでは、会員とは名ばかりの希薄な存在にされてしまっている。

全国のゴルフ場は、日本の戦後のように、見わたす限り焼け野原状態ではなかろうか？　これが「第２の敗戦」といわれるゴルフ版である。他の業界はもっと悲惨かもしれない。情けないことに、この敗戦の重要な役まわりを司法つまり裁判所が果たしている。

しかし、実のところ、稀ではあるがみごとアメリカグローバル資本の攻撃を食い止めた裁判所もあったのだ。法の世界は、それほど四角四面のゴリゴリ頭ばかりではない。

ハンを押した連帯保証人の責任は、争えないか？

普通の弁護士さんに相談すると、ハンを押した連帯保証人の責任を逃れることは、「法的に無理です」と言われてしまう。特に、政府が検討している、「半年で民事事件を終わらせる」方針が実現されれば、その傾向に拍車がかかるだろう。

実は、借金を値切るような判決は、いくつもあるのだ。そんなバカな、といわれそうだが、東大の内田貴・元教授が調べた結果だから、信用していい。

資産家の兄が銀行に何の説明もされず、弟の保証をしたかわいそうな事件などでは、銀行の信義に反するやり方に応じて、責任を否定したり大幅に減額した判決が出ている。厳しい取り立てをする高利貸しの請求も、時に否定される。

このように、借金、賠償金、報酬などの支払義務が法的にあるときに、いろいろな事情を考慮し「信義則」を利用して金額を減らす大岡裁き的判決は、確かに存在する。だから、最後まであきらめないことが大事なのだ。

借金で首が回らないゴルフ場の借金を値切るような判決も裁判所によって出たのである。

これが国家だった場合はどうか。借金で首が回らなくなったギリシャ、イタリア、スペイン、アルゼンチン、タイなどグローバル資本の攻撃にさらされて手痛い傷を負った。しかし実は、庶民のリードで経済復興した国もあるのだ。

17章　アイスランドの奇跡

日本人があきらめていること

　今や、歴代の元総理大臣たちですら、原発に未来はないと言い切る時代なのに、選挙になると「脱原発」は票にならない。また裁判官たちも、自分たちの任命権者が時の政府である（任命は内閣）ことに気づき、原発稼働を許す判決を書きたがる傾向が止まらない。

　マスコミも、政府から、排他的記者クラブ制度や法外に安い電波使用料などを保障され、そこで働くジャーナリストたちも高額な給与を保障されている巨大な利権構造に、しっかりと組み込まれている。めずらしく脱原発をはっきり口にするジャーナリストがいるなと注目していると、いつの間にか一線から姿を消している。消えざるをえないのか、出られなくなるのかわからないが——。

　だから、個人の名前で発言できる海外ジャーナリストからは、日本の報道自由度は世界で72位だと酷評されている。確かに、世間で議論されている話を聞いていると、テレビの御用解説者と読売新聞の受け売りみたいな意見ばかりが、毎日のようにとうとうと流されている。

しかも、日本のテレビの放映では、バラエティーとワイドショーという芸能関係番組の放映時間が30%を優に超えているとか。芸能が悪いというのではない。記者クラブと同じで、取り上げて良い話題は決められている。あるいは忖度されている。原発、感染症から不倫まで、あらゆるレベルの違う問題をおしゃべり芸能ネタにしてしまうメディアの姿勢が問題なのだ。おしゃべりはするが、決して問題の核心に迫らないようにできている。

芸人のおしゃべりという芸はそれなりに芸ではあるが、視聴者の方はみごとに、自分の足と目と耳で集めた情報をもとに自分の頭で深く考えていくことなどしない人たちばかりになる。すべては、与えられたことをいかに要領よく、早く、よく記憶するかだけの戦後教育の成果である。

物分かりのいい日本人たちは、マスコミも企業なのだから、スポンサーである電力会社の意向などまったく無視はできない。彼らは、お上に取り入ってお金をもうけて生き延びることをまず考えるのだ。大問題などない。「今だけ、金だけ、自分だけ」である。

しかも、テレビの影響を受けやすい国民は、一見正しく聞こえるワンフレーズの市民運動的パフォーマンスに騙されやすい。「CO_2を出さない原発は、必要だ」とか、オリンピックのように「世界はひとつだ」とか。

だから経済のグローバル化という抵抗しにくい流れのなかで、自らの利益のことしか考えていないゴールドマン・サックスなどのファンドのカモにされやすいのだ。彼らは、しらじらしくも「持続可能な発展」（ＳＤＧｓ、エス・ディー・ジーズ）という誰も抵抗できないような素晴らしいスローガンを掲げはじめた。「今だけ、カネだけ、自分だけ」の人たちが言うまやかしの「ＳＤＧｓ」など信用してはいけない。

でも、広い世界には、物事を自分の頭で考え、自分の意思をもち、流れを大逆転できた国もあることもまた忘れてはいけない。

奇跡は、アイスランドで起きた

４章でも取り上げたアイルランドは、英国本島の西側に張り付くような小島だった。

それよりもはるかに北極に近いアイスランドは、名前どおりの氷の島なのだ。オーロラは美しいが、その氷から時に火山噴火が起きる。夏の最高気温は摂氏13度程度。年の半分は氷点下の世界なのだ。

そこでは給与の40%は税金に取られるが、医療も教育も無償の素晴らしい国だった。人口35万人、日本の前橋市くらいのこの国が、２０１６年ユーロ・サッカー（欧州選手権）に初出場、グループＦを堂々の２位で通過という奇跡を起こしたといわれた。国連が２０１２年より発表している「世界幸福度ランキング」２０２０年では、フィンランド、デンマーク、スイスに次いで第４位にランクされている。ちなみに日本は、第62位だ。

実はこの国、政治でも奇跡を起こしていたのだ。

アメリカの金融工学の衣装をまとったサブプライム問題に起因するリーマンショックは、アメリカよりむしろ、欧州各国に深い傷跡を残した。

このことは、欧州のゴルフ場をめぐってみれば、実感できる。彼らはメンバー中心の閉鎖的クラブから、広く世界のゴルファーにその扉を開きはじめていた。ゴルフ場にお金を落とす旅行者がほしいのだ。そのため、ゴルフカートの導入のほか、バンカーやクリーク・池などの護岸工事の費用捻出に努力している。

アイスランドも、リーマンショック前、当時の首相をはじめアイスランドの「経済セレブ」たちはアメリカの経済新自由主義にはまって、世界中のお金が集まる「タックス・ヘイブン（税の安い地域）」化し、２００７年世界で5位のお金持ち国家となったという。

でもそれはウォール街が仕組んだワナだった。翌２００８年には、ＧＤＰの4分の1相当の約５０００億円の負債を負い国家が倒産。アメリカとその意を受けたＩＭＦ（国際通貨基金）は、やはり経済破綻のギリシャと同じく、大幅な医療費カットを支援の条件とした。

ギリシャの40％医療費カット政策は、さながら地獄絵図のようだったとか。でも、多額の不良債権処理のため我慢が必要だし、国民の税負担も必要とのキャンペーンが効果的だった。

鍋とフライパン革命

ところがアイスランド人たちは、鍋とフライパンをもって国会議事堂を取り囲んだのだ。

「マネーゲームの尻拭いを国民に押し付けるな」

というわけだ。この包囲は３０００人程度で、内閣総辞職、首相辞任まで続いたという。＊

３０００人といっても、国民のおよそ１％だから迫力はあったはずだ。

香港デモは、学生中心で人数は多いが、必ずしも統率が取れていないため、警察の介入を招きやすい。学生中心の運動は過去にいくらでも弾圧された歴史がある。

アイスランドでは、鍋とフライパン持参で、暴力化を防止できたのだろう。中心になったのは学生ではない。主婦であり、看護士であり、教師であり、農民であり、タクシードライバーであり、セールスマンであるといった、社会のなかで実際に働いている一般生活人だ。

運動のコツは、もちろん「最後まであきらめないこと」、「仲間内で喧嘩しないこと」である。

みごとに、そのような運動原則を貫いたアイスランドでは、２００９年３月、国民投票で次のよう民意を確認した。

１　公的資金での銀行救済中止

２　ＩＭＦ（国際通貨基金）の緊急財政案否決

３　前首相、大手３銀行トップほか２００名逮捕

自由主義ではじめたことは、最後も自由主義の原則に基づき自己責任で終わらせるということだ。大きすぎて、金融秩序が保てなくなるので銀行はつぶせないという俗論をみごとに葬ったのだ。

バブル崩壊後の金融危機に何兆という国民の税金を投入した日本は、このアイスランド「鍋とフライパン革命」の戦いぶりを大いに学んだらいいのだが、ほとんど日本のマスコミは報道しな

＊堤未果『政府はもう嘘をつけない』（角川新書、2016年）

かった。

なぜか？　アイスランドの運動がまったくの市民、まったく普通の人が集まっておこしたからだ。リーダーが誰だかわからない普通の市民集団が、多額の負債をつくった政府要人を逮捕させ、国家財政を健全化したこと自体を理解できないから、誰にどう取材し、報道したらいいのかわからない。日本のマスコミもまた「高学歴優等生」の集団になってしまったから、オリジナルの運動をイメージできないのだろう。

たとえば日本では、毎度選挙のたびに「無党派層」あるいは「支持政党を持たない」人が40％前後各新聞社の世論調査で報じられる。アイスランドの運動の担い手はおそらくこの40％の人たちだろう。「政党政治」に絶望した一般市民の、まさしく草の根運動だったと考えればいい。どの政党にも属さないが民主主義を自分の頭で、もう一度考えなおした運動だった。それは、いわゆる「民主主義制度」という既存のシステムではなかった。だから、日本のマスコミは報道しきれないのだ。

日本のマスコミは、制度に対する「違反」には熱心に取り組む。民主主義制度については学習してきたからだ。ところが、40％の無党派層が何に疑問を持っているか、何に怒っているか、その気持は政治に反映されているのかという制度への疑問を自分の頭で根本から立て直す設問ができない。「民主主義思想」とは何かという問いに教科書的に模範回答することはできるが、鍋釜をもって、実際に民主主義を実行しようと街頭へ繰り出す人たちを前にすると、「この人たちはデモを警察へ届けたのだろうか？　違反していないか」としか考えられない。

若さあふれるベトナム

旧サイゴン、今のホーチミンに行ってきた。

アメリカの高学歴優等生が国を間違った方向へ導いた悲劇を書いた『ベスト&ブライテスト』を読んだ物書きとしては、戦争博物館、旧大統領官邸は必見であった。

博物館の悲惨な写真と遺物が、平均年齢30歳という若いベトナムのエネルギーを生みだしていることを見て、なぜかカリフォルニアの山岳火災を思った。焼きつくすことは新しい生命が生まれることでもある。国家が破綻したアイスランドの平均年齢も35歳と若い。ちなみに日本は45歳を超えている。

官邸跡の建物が素晴らしいフランス文化の薫りにつつまれているのに、秘密の脱出用トンネルドアが共存していることも確認できた。

数年前、中部地方ダナンのゴルフリゾートで、ベトナム富裕層のゴルフも見てきたが、ホーチミンのゴルフ場には、韓国からのたくさんのゴルファーがゴルフを楽しんでいた。

ケネディ周辺の高学歴優等生たちによる、「世界最大の愚行」からの回復を祈るばかりだ。

ところで、わが国の若い世代はどうなのだろうか?

18章　素手でつくる新しい流れ

銀行はつぶれてもいい

前章で、「大きすぎて銀行はつぶせない」という俗論をみごとに葬ったアイスランドの例を、堤未果の著作に基づいて報告した。経済自由主義ではじめたことは、最後まで自己責任で終わらせるべし、という一般市民たちの正論が貫かれたのだ。

一般市民たちの闘いは賢明だった。彼らは、武器ではなく生活に密着した鍋とフライパンを両手に持って、国会議事堂を取り囲むデモンストレーションを継続したのだ。

そしたらなんと、その後アイスランドは、２０１２年までに他国への借金を返済し、ユーロで目を見張る成長ぶりだそうだ。

２０１８年、10年ぶりに訪問したアイルランドも、リーマンショック後の経済回復力がすごかった。ダブリンの家賃はマンハッタン並みらしい。

アイルランドもアイスランドも、英語が通じる国ではあるが、同じくリーマンショックを受けた日本とまったく違う展開が、これら島国には起こっている。

欧州西端の2つの島では、非暴力に近い形で、近時の世界的常識を打ち破る「新しい流れ」が生まれつつある。

アイルランドでは、血なまぐさいテロを非暴力の運動が食い止める奇跡が、ジョン・ヒュームにより実現している。

アイスランドでは、当時のグローバルな、すなわちアメリカ的経済常識を、立ち上がった市民たちが、素手で打ち破ったのだ。そのアメリカ的経済常識とは、「銀行が失敗したら国民から集めた税金で助けて、ツケはすべて普通の国民に回してしまう」というものだ。

アイルランドの南北を隔てる壁

長年、殺し合い抗争を繰り返してきた欧州の人たちの知恵と、経済至上主義の象徴というべきアメリカに対するプライドの為せる業なのかもしれない。

ヨーロッパとアジアの両大陸ユーラシアの西端にこれらの2つの国は位置する。その東の対極は島国日本なのだ。文化というものは大陸を移動し辺境の島国にも変化をもたらす。わが日本にも「新しい流れ」をつくりだそう。

自分で考えることをしよう

自分も含め、全宇宙の神秘に比べれば、本質的でないことを悩んでいる人は多い。

職場でのパワハラ・セクハラまで行かなくても、自分が他人からどう思われているだろうかとか、自分の気持ちをどう表現したらいいのかわからないとか……。

高齢者が増えるにつれ、認知症や癌の家族のケアなどでも、悩みを抱える人は増える一方だ。でもそこに「よく考え抜いた」悩みを発見することは少ない。

あるのは、手軽なネット情報やハウツー的発想しかないアドバイザーたちの情報にふりまわされているだけの悩みのような気がする。

これからという47歳で亡くなってしまった池田晶子の『14歳からの哲学』*は、繰り返し読んでも、結局理解は最後までできないけれど、好きな本だ。慶応大学哲学科で倫理学を学んだようだが、彼女は生涯「考える」ということを考え、自らの墓碑銘に「さて死んだのは誰なのか」と刻んだという。考えている時の私の精神に現れてくる言葉は誰のものでもない、私は死ぬが、私が発した言葉は、生きつづけ、次の人の考えに引つがれていくだろう、そう言っている。

彼女は、本を「読んで、覚える」ことと、「考えて、知る」ことの違いを強調する。

いちばん大事なことは、人間が「知りたい」という気持ちを強く持つことらしい。

確かにフィロソフィー（哲学）とは、知を愛することだ。いま世界中の人々が、深く考えるこ

＊『14 歳からの哲学——考えるための教科書』トランスビュー、2003 年。初出は『中学生の教科書　死を想え』（四谷ラウンド、2000 年）というすばらしい本に書かれた。

とよりも、利益を得るために1秒の何百分の1でも早い情報のために日々あくせく暮らしている。私たちも、スマホ片手に、考える余裕もなく、即座に判断を下し続けながら、情報の海のなかをサーフィンしているようなものだ。ネットにはあらゆる情報がアップされているという。本屋に行けばそこにあらゆる情報がならんでいる。同じことだ。

「知りたい」という気持ちがなければ、ネットも本屋も存在しないのと一緒である。

お互いさまの価値観

まずは、マスコミから流れてくる政府・官僚・御用学者・大企業の発信する情報は疑ってみることだ。疑ったことばをネットに打ち込んで検索すると驚くべき情報が飛び込んでくる。彼らがマスコミを牛耳っていることは間違いないので、常に根拠や背景をチェックし、自分の頭で常にそれが正しいか検討するしかないだろう。

堤未果は2つの価値観を提示する。

①前に紹介した「今だけ、カネだけ、自分だけ」のとおり、あらゆるものを数字やデータにし、利益と効率を優先し、結果が出なければ無駄として切り捨てる考え方……民主主義を根底から破壊する手法。

② 人間の暮らしや文化や伝統、顔が見えるものづくりや、数字では測れない価値を持つ教育など、困ったときに助け合う共同体が象徴する「お互いさま」の価値観。

これから私たちは①②のいずれをとるべきか？

②に決まっているだろう。

②は、アイルランドでのテロ解決に、素手（非暴力）で立ち向かうことと似た構造だ。

現実にアメリカ、ＩＭＦ（国際通貨基金）のやり方に正面から立ち向かい、その壁を完全に撃破できたアイスランドの実績も②の価値観に基づく。

ゴルフ界でも、太平洋クラブの会員たちは、常識論者たちの「絶対逆転は不可能」という意見を乗り越え、総合エンターテインメント企業への転向をめざすマルハンの支援を得て、ゴールドマン・サックスの野望を打ち砕いたのだ。会員たちは、さまざまな職業の一般市民であり、考え方もさまざまである。ただ共有したのは「おかしいじゃないか」というごく普通の感覚である。

ゴルフ界も、これまでの常識は全部一度ひっくり返してでも、再スタートを切るべきではないか。ただ、堤未果の「お互いさま」の価値観だけでは、抽象的で説得力が不足しそうだ。

「お互いさま」を組織化するとどうなるか？

世の中変われば、組織も変えないと……

最近、近未来の組織に関する記事が目につく。

従来の企業・組織に対する違和感がどんどん強くなってきているという。

一流企業に就職しても、さっさとやめてしまう若者たち。

ヒラから係長、課長代理、課長、次長、部長、局長、取締役といったピラミッド型の組織に生きてきた世代にはまったく理解できない。

「最近の若いやつは……」

とその我慢のなさを嘆いているうちは、コトの深刻さがわからない。そういう問題ではないのだ。

「世の中が変わる」と一言で言っても、変わっていく流れそのものからすでに外れていて、外れていることに気づかないのだから、深刻を通りすぎてもはや悪夢だ。

危機時の企業に関わる私たち弁護士の感覚からすると、日本の組織は、戦後の高度成長の延長で毎年同じことを慣例的にくり返してばかりいて、役員報酬の高さの割に、危機管理がまったく出来ていない。

彼らは、中間管理職がマネジメントを行うことで、成長してきた。

しかし、バブル崩壊後、日本は世界の動きに取り残され、あるのは組織の閉塞感ばかりだ。

日本の企業と団体は、早急に世界の流れのいいところを勉強して、組織改革を実現すべきだろう。ゴルフ場企業ばかりでなく、ＪＧＡ（日本ゴルフ協会）ほか日本の15ゴルフ団体も同様だ。

次章は近未来に向けて、この価値観を補強するような、組織に関する新しい考え方を紹介したい。困ったときに助け合う「お互いさま」の共同体は、いかなる組織に行き着くのか？

19章　生命体型組織とは

近未来の組織問題は世界の課題

２０１９年10月10日の日経新聞は、「近未来の組織とは」（創論）と題して、「ティール組織」著者のフレデリック・ラルー氏と経営における「アート」と「サイエンス」のバランスを重視する山口周氏のインタビューを記事にしていた。

18章で、私が堤未果の２つの価値観・世界観を比較して、堤の「お互いさま」の価値観を条件つきで支持することを明らかにしたが、その理論的補強は絶対に必要だった。

まさに、その補強したい新しい組織論が、世界的な課題にあがっていたのだ。

あの大企業一辺倒とも見られやすい日経新聞ですら、従来の企業組織そのものに閉塞感や違和感があるとして、新しい時代の方向性を示そうとする考え方を無視できなくなっているのだ。

それほど平成の30年間は、ゴルフ界ばかりでなくわが国全体が、右肩上がりを前提にした戦後民主主義のなかで世界に追いつき追い越せの発想を捨てきれず、いたずらに足踏みを続けていた時代だった。新しい令和の時代、従来どおりの会社や組織のままでいていいわけがない。

ところで、日経新聞は、21世紀において、米欧と日本で支持されている書籍の著作者として、前記の２人に、近未来の企業（組織）の姿を聞いている。

「ティール組織」とは

マッキンゼー・アンド・カンパニーを経て独立したラルー氏は、世界中を歩いて実在の企業や公的機関などの組織を研究したという。その結果は60万部のヒット作となった『ティール組織』と題する書籍になっている。

「上下関係や肩書のない」という、いわばこれまでの常識をくつがえす新しい組織論だ。ラルー氏は、人間が生み出した組織を、５つに分類し5色に色分けし、レッドから次第に高度な組織に進化していくとしている。

1 レッド（赤）一人のリーダーが率いる
2 アンバー（琥珀）役割分担を明確にした上意下達の軍隊式
3 オレンジ（橙）階層をもちながらの実力成果主義
4 グリーン（緑）階層の形をとりながら個人の多様性を重視

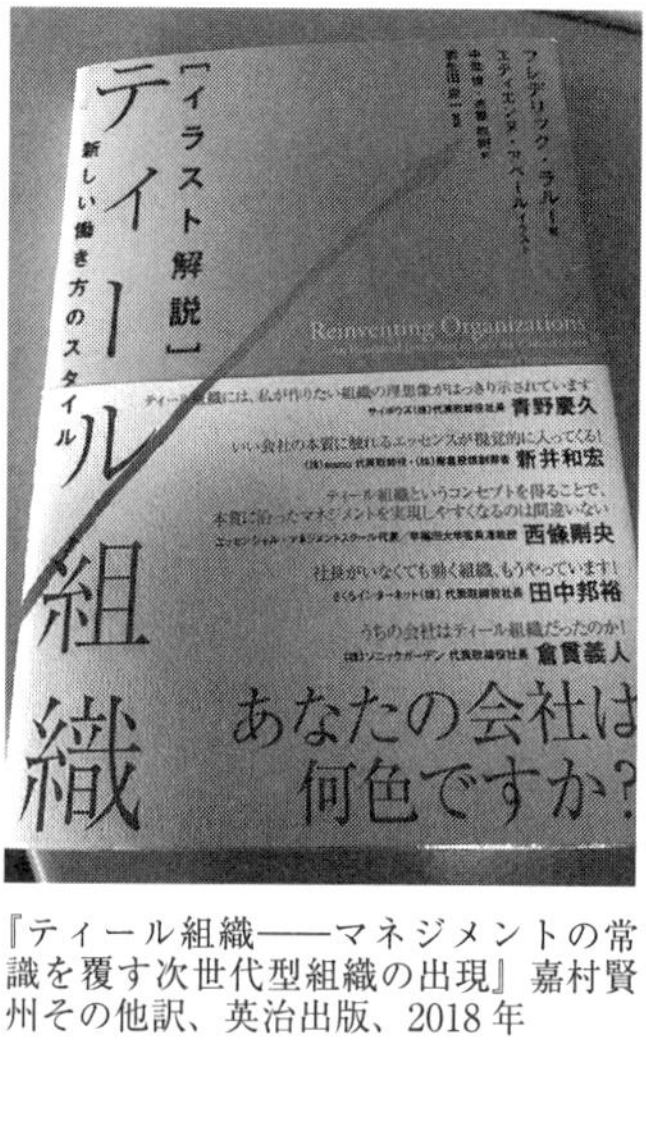

『ティール組織――マネジメントの常識を覆す次世代型組織の出現』嘉村賢州その他訳、英治出版、2018年

5　ティール（青緑）構成員全員が組織総体の目的を有機的主体的に果たす生命体型

これまでの企業形態は、オレンジ色。ピラミッド型に部門別の上下関係を形成し、中間管理職の役割が大きく目標達成のための「マネジメント」が重視される組織だ。

対するグリーンに近い「ティール組織」は、ピラミッド型でないフラットに協力し合う成熟した関係だ。

オレンジ組織に疲れ、職場を離れていく人たちから学んだ新しい組織論とのことであり、世界でも日本でも、採用する企業や組織が登場しているという。

現代の情報革命は、企業や組織が情報を独占していた時代を終わらせようとしている。組織構成員を成熟した大人とみなして、企業・組織の目的を共有するのが「ティール組織」だという。「お互いさま」の共同体が、ティールであるとは断定できないが、目指しているものは同じだろう。新しい有機的な、流動的な、変幻自在な、構築的でない、あるいは時間的と要件をならべてみてもティール組織のイメージになる。

組織や社会を変えるには？

スパイ映画のように日本脱出をしたゴーンさんの弁護人としてすっかり有名になってしまった弘中惇一郎氏は、もともと無罪請負人として知られた方だ。さすがとおもわれたのは、厚生労働省の課長だった村木厚子さんを無罪にした障害者郵便制度悪用事件の方である。

村木さんが逮捕され、収監されて無罪になるまでの顛末を書いているすばらしい話が本になっている*。本のタイトルどおり、「日本型組織の病」の怖さが彼女を身に覚えのない罪に追い込んでいくのだが、彼女は「おかしい」と感じるところを独学で法律も学びながら徹底的に、かつ論理的に切り崩していく。体験者でなければこれだけの迫力はでない。大学でこの話をすると、学生たちは、「世界は一人で変えられる」ことに気づきはじめるという。

バングラデシュの貧困層を対象にした銀行「グラミンバンク」は、低金利の無担保融資を主にしている。借り手５人１組グループの連帯保証に基づき融資を行い、短期間で返済を受けるという。

このモデルは、貧困な人たちに自立できる機会を与え、経済的な発展を導く手段として評価された。２００６年、考案者の経済学者ムハマド・ユヌス氏とこの銀行には、ノーベル平和賞が授与されたという。

上から目線でお金をあげるという発想から、お金を貸すことで自立を助ける発想へ切り替えするだけで、こんなインパクトあることが可能なのだ。「おかしいぞ」と思ったら、人ごととしてではなく「自分事」ととらえ、自分で動けば世界は変わるのだ。

山口周氏の発想

山口氏は、池田晶子と同じ慶応大学で哲学と美学美術史を学んでいる。卒業後、電通、ボストン・

＊村木厚子『日本型組織の病を考える』角川書店、2018年

コンサルティング・グループを経て、組織開発・人材育成を専門とするコーン・フェリー・ヘイグループのパートナーとなった。

山口氏の問題意識も、時代の急激な変化を大きく反映するものだ。

彼は現代を、「システムの変化にルールの制定が追いつかない状況」が発生している時代と認識している。そして、その結果が、旧ライブドア事件や一連のＤｅＮＡ不祥事だという。アメリカでいうなら、エンロン事件などもまさにその危険性の発露だろう。時代の最先端を行くこうした企業のサイバー・システムに既存のルールが追いつかない。

ＤｅＮＡという会社は、「横浜ＤｅＮＡベイスターズ」という野球チームをもっているからよく知られているが、会社ができたのが１９９９年、ライブドア、楽天と同じサイバー関連企業である。エンロン事件（２００１年）は、総合エネルギー取引とＩＴビジネスで全米第７位の売上を誇るエンロンが、粉飾決算で破綻した事件だ。

ノーベル賞をパロディにした「イグノーベル賞」というのがあるが、その経済学賞（２００２年）をエンロンが受賞した。その受賞理由は、

「ビジネスの世界に数学の虚数概念を応用したことに対して」

というのだから、言い得て妙だ。旧ライブドアもＤｅＮＡも受賞資格十分だ。

法律家としての私が山口氏の発言で共感できたのは、「システムの変化に対してルールが事後的に制定されるような社会において、明文化された法律だけを拠り所にして判断を行うという考え方、いわゆる実定法主義は、結果として大きく倫理を踏み外すことになる恐れがあり、非常に

危険」だという部分だ。山口氏が言う「システムの変化」とは、一言でいうと、「単純システムから複雑システム」へ変わったと一般的に言うことが多い。

　システムは漢字で「系」と表記するから、「単純系から複雑系」へともいう。あるいは「線型系から非線型系」ともいう。

「こういう原因があれば必ずこういう結果になる」という考えを「決定論」といい、これが線型系、あるいは単純系である。「世の中そう簡単じゃないね」という「非決定論」が非線型系、あるいは複雑系といっていいだろう。

「世の中の激変」は、１９６０年代、ノーバート・ウィーナーの「サイバネティックス――動物と機械における制御と通信　第2版」刊行あたりからだろうか。システム工学大流行、なんでも「工学」がついた時代だった。１９７０年代はカタストロフ理論、１９８０年代にカオス理論、１９９０年代には複雑系理論と進化していく。この激変は、医学をはじめとして物理、化学、生物、経済、社会あらゆる学問の最先端が経験している「システムの変化」である。法学も例外ではない。

　ただ、政治・行政はこの激変についていけなかった。したがって、教育もこの激変を教えることができていない。実社会は、どんどん複雑システムに変化しているのに、教育現場は単純システムを教えてきた。単純システムの優等生たちが単純システムを拠り所に複雑システム化した社会を判断しようとする危険。山口氏の言うのはそのことなのだ。

　間違ったかもしれない「司法改革」で弁護士ほかの法律家が毎年１５００人ずつ増えていく法曹界は、まさにその危険性が顕在化しているというのが私の認識だ。2年間から1年間に短縮された司法研修所教育は、短期間に多数の法律家を誕生させるため、より実定法重視の教育を行なわざるを得ないのだ。

また公務員の定員制のもとで、裁判官たちは、短時間に多数の事件を処理するため、事件の複雑システム化した背景事実に踏み込むことを避け、できる限り実定法の条文との関係だけを審理対象としたがるのだ。そうすると、まさに山口氏が指摘する危険性（実定法中心主義の弊害）が、司法の現場である裁判所で常に起きていることになる。

つまり、裁判官が実定法にこだわればこだわるほど、システムの変化による悲惨な被害を救済できなくなってしまうのだ。さらには単純システムにおける形式的合法性を許容することで、大きく倫理を踏みはずす結論を導いてしまうことになる。

この間、ゴルフ界での旧外資たちのやりたい放題を許容した裁判官たちの形式論の原因は、ここにあったのだ。

画期的な借金帳消しの裁判

日本は、モノづくりでアメリカを抜き世界一になったと言っていたころ、アメリカはすでに複雑システムに対応する国に変化していた。アメリカの政治・行政の担い手たちは、さすがに自国の学者、研究者、思想家の仕事を理解する能力が高い。

アメリカのサブプライムローンは、ノンリコース（非遡及）ローンと言われ、担保不動産を超える貸付リスクを金融機関側が負担する仕組みだった。つまり１０００万円貸して返してもらえなくなったとき、担保物件を押さえそれを売っても１０００万円にならなかったらそれまでという制度、それがノンリコースだ。アメリカでは「残りを返せ！」と言わない。リスクを負うのは貸す方、それが常識なのだ。

他方わが国では、担保を超えるローンの返済義務はまじめに分割払いを続ける限り、全額返済まで逃れられない。誠実な企業や個人は、長い年月をかけ、残りの借金を返済していく。これがバブル崩壊後の日本経済低迷の原因だ。

その意味で、シェアハウス「かぼちゃの馬車」をめぐるローン被害者救済は特筆すべきだ。不正融資を訴えたスルガ銀行被害者に対する、担保物件を手放せば借金が帳消しになるノンリコース扱いの被害者救済の調停裁判解決は、わが国では画期的なことだった。

一般の法律関係者からすると、理解できない現象だろう。時代の変化に司法と法律関係者がついていけない事態が発生しているのだ。

ちなみに弁護士に依頼してない被害者にもその効果を及ぼすには、被害者にノウハウと実績を持つ弁護団に依頼の上、適正な報酬を負担してもらわないと公平が保てない。もしこれが実現すればアメリカ流クラスアクション＊（集合代表訴訟）の事実上の採用が実現する。

幸いなことにその方向に事態は進んでいるようだ。画期的な先例となるだろう。

＊被害者の一部がおこした裁判の判決の効力が、残りの被害者たちに及ぶ訴訟の形。

20章　なぜ美意識が必要なのか？

論理では回答が出ない

山口周氏の著書『世界のエリートはなぜ「美意識」を鍛えるのか？』*を読みながら、同氏の問題意識を共有したい。

今や、グローバル企業の人材やニューヨークの知的専門職が、哲学を勉強するだけでなく、アートスクールやギャラリーに出入りしているという。

確かに日本でも、ＩＴ企業を売ってお金と時間の余裕がある人が、いきなりクラシックの難曲を弾きこなすようになった話も聞く。もと投資銀行にいた人が、いつの間にか、日本の古典建築の修復をやっていたりする話もある。私の同僚弁護士でも、男声合唱団で海外公演をし、ミュージカルや能を演ずる男がいる。

でも、これらはお金持ちの趣味の範囲の、いわば素人芸の類いにすぎない話だ。

ところが山口氏は、世界のエリートは、極めて「功利的な目的」のために「美意識」を鍛えている、

＊山口周『世界のエリートはなぜ「美意識」を鍛えるのか？』（光文社、2017年）

という。「論理的にシロクロのはっきりつかない問題について答えを出さなければならないとき、最終的に頼れるのは個人の『美意識』しかない」からだというのは、かなり面白い。

ビジネススクールからアートスクールへ

従来の日本の常識では、美大や哲学科出身者は、最も社会に適合しにくい人種だったはずだ。アートや哲学は、そろばん勘定に最も遠い世界の話に見えていた。少なくとも私たちの大学一般教養課程レベルでは……。

世界のトップビジネスマンたちは、今まではアメリカのＰｈＤ資格（博士号）を取ることがビジネスの常識だった。彼らは「経営にサイエンスを持ち込む」ことを推奨する経営コンサルの言に従って、ビジネススクールに留学していたはずだった。なぜ今度は優秀な経営者になるためにアートスクール通いをするのだろうか？

でもそんなアイデアは、別に目新しいものではないという。英国では、ゴルフでも有名なオックスフォード大学とケンブリッジ大学（オックスブリッジ）に代表されるエリート養成校は、この考えを４００年前から導入していたらしい。

オックスブリッジの卒業生によってつくられたライ・ゴルフクラブが世界ベスト１００に返り咲いたのも、ゴルフ好きの私としては嬉しい。さすがチャールズ・ダーウィンの孫バーナード・ダーウィンというナイス・ゴルファーが会員だったクラブだ。

フランスのリセ（日本の公立高等学校にあたる）も含め、欧州のエリート校では、特に「哲学」に代表される「美意識の養成」が重んじられてきたという。PhDという言葉も、Doctor of Philosophy（直訳は哲学博士）といって、教養部のリベラルアーツ系の最高学位だ。

日本でも戦前のエリートたち、ナンバースクールと言われた第一高等学校以下の全国の旧制高等学校生たちは、「デカンショ節」を高吟し、「デカンショ、デカンショ（デカルト、カント、ショーペンハウエル）で半年暮らす、後の半年は寝て暮らす」、つまり1日の半分は哲学を学んでいたのだ。デカルトは言わずと知れた17世紀近代合理哲学の元祖、カントは戦前の中学生まで口をそろえて言った「真・善・美」の理性・意思・感性を人間の総合判断とした18世紀の哲人、19世紀の哲学者ショーペンハウエルは、音楽を最高の世界とし、この世は絶望でしかないと東洋的諦観を説いた。

大正時代には、実業家渋沢栄一が『論語と算盤』という著作で、論語（倫理：貧者と弱者を優先させること）が算盤（経済：世の中を豊かにする）の基本だと説いている。

しかしながら戦後、アメリカの支配下におかれてから、教育はアメリカ流プラグマティズム（実利主義）となり、すっかり哲学は忘れられてしまったのだ。

確かにこの間、外資が暴れまくった日本のゴルフ場のみならず、かなりの上場企業が、外資に食い込まれた。低利資金を借入したり、逆に外資に借りてもらったらしく、門外漢の私たち弁護士にも、外資が日本の企業を支配する構造は感じられた。

太平洋クラブの対ゴールドマン闘争で会員が勝利する以前、ゴルフ場でゴールドマンと対決があると、みごとに法人会員たちは、ゴールドマンに抵抗することができていなかった。ほとんどの上場企業がゴールドマン賛成票を入れていた。お金を借りたり借りてもらうことは、義理人情、浪花節の世界も形成するのだろう。そこには哲学のかけらもない。

ある力のある銀行法務部が、会員の主張を理解して、中立のスタンスをとろうとしたら、役員ルートで10カ所から、「なんでゴールドマンの案に賛成しないのだ」というクレームが入ったという。

それほど、アメリカの「今だけ、カネだけ、自分だけ」の思想は、資金力をテコにして、日本企業に浸透していたのだ。

サイエンス重視では意思決定できない

山口氏は、その哲学・美学を学んだ実績をもとに、この世界的な変化、特にアメリカ的経営の変化の原因を次のように分析する。

これまでのような「分析」「論理」「理性」に軸足をおいた数字中心の経営、いわば「サイエンス重視の意思決定」では、今日のように複雑で不安定な世界、「ヴーカ・ワールド」においてビジネスの舵取りはできないことがわかってきたからだ、と。ヴーカ（ＶＵＣＡ）は、不安定（VOLATILITY）、不確実（UNCERTAINTY）、複雑（COMPLEXITY）、曖昧 AMBIGUITY）の頭文字をとった言葉で、ベルリンの壁崩壊後の混沌とした世界を表現するとしてアメリカ陸軍で使われはじめたようだ。

確かにリーマンショック前後から続く世界の経済的不祥事は絶えることがない。ゴールドマンをはじめとする金融大手のやり方への批判は強まるばかりだ。

現にアイスランドでは、世界の1%層が今まで確立してきたビジネスモデルを完全に翻した（堤未果）。「鍋とフライパンの革命」といわれたアイスランドの一般市民による奇跡を、「政党政治に対する批判としての直接民主主義的運動」と解説しても、アイスランドの出来事の真実を理解できると思えない。一人ひとりが自分の頭で次に自分のしなければならないことを考え行動するときに起こる奇跡もまた、「ヴーカ・ワールド」といっていいかもしれない。「理屈」で「解る」単純システムではない新しいシステムと考えるなら、「鍋とフライパンの革命」に新しい言葉が必要だろう。

コロナ禍の今、世界中で強欲な金融資本主義に対する反省がなされはじめているという。

「株」というシステムは単純系か複雑系か？

オリンピックは東京と札幌などで開かれ、外国人たちがたくさん訪れ、東京はマンハッタンのように、人種のルツボになると予想されたが、予想外のコロナ騒動でそうはならなかった。

しかし、東京の土地は高止まる一方、オリンピック後大暴落の恐れもあるというのが、裁判所も認めた経済変動を認める立場。この立場は、単純システムの「想定内」にあるという判断だろうが、はたしてそうなるのか？

アベノミクスのもとで、株を担保にお金を借りまくる企業やそのオーナーは、株の評価が下がると経済的信用を失い、その企業を手放すに至ることは、最近のＺＯＺＯで実証された。

他方ＺＯＺＯを引き受けたソフトバンク孫さんも、その基盤を自ら持つ株式に置く構造は、ＺＯＺＯと同じである。ゴールドマンやアラブの大金持ちが、孫さんを見限ったとか？　孫さんのメインバンクも揺らぐのか？　と心配されたが、コロナバブルの株高で孫さんの鼻息は荒い。

彼らの会社も、債務過剰で批判されてきたゴルフ場会社とそんなに変わらないのではないか。会員権も株式も値上がりしない限り、ともに借金が顕在化するからだ。

金利、為替、その他人間のつくったさまざまなシステムをあやつって、金融商品から利益を大量に生み出してきた世界の１％の金融資本はこのまま生き延びるのだろうか？

国際通貨基金（ＩＭＦ）が、企業の収益力や配当余力などさまざまな係数を基に経済の動向を分析しているが、どんなものか。人間のつくったシステムそのものが複雑化した結果、その制御装置もヴーカ化していくという自己矛盾に陥った。

実体経済と乖離した株の高止まりが、どのような要因から、どのように変化していくのかは、それを操ったつもりの当事者にもわからない。

世界の富の極端な格差を生んでいるマネーゲームとしての金融資本主義が、「ヴーカ・ワールド」で生き残れるのか、まったく予断を許さない。

21章　直感力の時代

論理的な情報処理の限界

自称「ナレッジキュレーター」の山口周氏によると、企業経営に「美意識」の必要性を訴える理由の第1は、

「論理的・理性的な情報処理スキルの限界が露呈しつつあること」

という。なぜそうなったか？　その要因は2つあるという。

1つ目は、みんなが他人と同じ正解を出すスキルを身につけたことで、問題解決能力が評価されなくなったこと。団塊世代の役割も考える時期が来たのだ。

2つ目は、世界はいま、複雑で不安定な世界、いわゆるＶＵＣＡ（ヴーカ）ワールド化していることから生ずる。いたずらに論理的・理性的であれば、合理的判断がしにくくなり、意思決定はなされず、まともな経営はできなくなること。

わかりやすく言うと、こんなことだろうと思う。

事件解決を担う私たち弁護士にもいろんなタイプがいる。

生の事件は、麻の糸が絡み合ったようなものだ。つまり、どことどこがつながってるのかが見えず、どこかを引っ張るととんでもないところが動いてしまうようなもの。不安定で不確実で、複雑で曖昧にも感じられる生き物のようなものだ。

大胆で勇気があり、かつカンのいい弁護士は、しばらく眺めているうちに、ハサミを取り出し、あっという間に、数カ所切ってしまう。すると、解決策が見えてくるのだ。快刀乱麻を断つ。腐りかけた木の橋でもエイヤッと渡ろうとするタイプだろう。

他方むかしの私みたいに、石橋を叩いても渡らない弁護士もいる。なかなかハサミは持ち出さず、あちこちから眺めることしかしないわけだ。しばらくは、ノートをとり、写真撮影や写生をして、その眺めを分析することに集中するタイプだ。

日々決断を必要とする企業経営者に要求されるのは、絶対に若いころの私のようなやり方ではありえない。企業は生き物だから、前者のような、「全体を直感的に捉える感性」と「真・善・美が感じられる打ち手」を自らの内部から出していける構想力や想像力が、経営者に求められるというわけだ。

考えてみればこれは、ゴルフのショットと同じではないか。コースという現場はめまぐるしく変わる風や天候と地形や他の選手のスコア変動など、まさにＶＵＣＡワールドそのものだろう。

一定の時間内に、ショットを打たなければならないゴルファーには、企業経営者と同じく「全体を直感的に捉える感性」が必要なのだ。

タイガー・ウッズが強く魅力的なのは、この「美学」が感じられる選手*だからだ。

「生きていてしあわせ」とは？

山口氏が主張する企業経営に「美意識」の必要性を訴える第2の理由は、世界中が経済成長を望むいま、世界中の市場が「自己実現的消費」へと向かいつつあることだ。わかりやすく言うと、生存を維持することのレベルでないモノがあふれる時代、人間の欲求が大きく変化している以上、消費の性格が大きく変化したということ。

そんな市場では、ほかの人から認めてもらいたい気持ちや、自分らしい生活をしたい気持ちに訴えかける感性や美意識が重要だということのようだ。

欲求6段階説のエイブラハム・マズローによると、人間の欲求は、

①「生理的欲求」食べて、寝てという生物の基本的欲求、
②「安全で快適な暮らしをしたい」安全欲求、
③「集団に属したい」帰属欲求、
④「他者から認められたい」承認欲求、
⑤「自分らしい生き方を実現したい」自己実現欲求から、最終的には、
⑥「至高体験」欲求、「ああ生きていて幸せだなあ」という生命の喜びに満ちたいという欲求に変化していくという。

＊巻頭口絵 p.8 最下段の写真参照

そんな世界では、企業やリーダーの「美意識」の水準が、注目されるというわけだ。

私がゴルフをするためにけっこうなお金を支払っているというものも、よく考えると奇妙な消費行動だ。何か物を買うわけじゃない。ゴルフ場という場所に行って「ボールを打ってホールに入れる」という、ただそれだけの行為にお金を払っているのだが、欲求6段階でいうと④から⑥だろうか。いいゲームをすると「ああ、しあわせだなあ」と心から感じる。いずれにしろ、物質的欲求ではないことだけは確かだ。

「すること」にお金を払うという意味でいえば、「魚を釣る」というのもそうだろう。漁業という産業は、獲った魚を売るのが業態だが、とった魚は誰か好きな人にあげてしまう釣り人というのは「釣る」という行為のためにお金を払う。海釣りのために一艘仕立てると安くても5、6万円は支払うだろう。晴れた海に出て大物を釣り上げて、「ああしあわせだなあ」と感じるために、5万、6万は安いというか、高いというか。

いずれにしても、それは漁業というものではない。農業も同じことが言える。私の周囲には農地を借りて無農薬の野菜づくりを楽しみにしている人が大勢いる。「釣り」はレジャー産業に分類されてきたが、はたして「余暇産業」でかたづけていいものか。おそらく多くのスポーツ産業は、本業からはなれたレジャーという余暇時間になされるということで一括りになっているが、「産業」が生産だけを意味する時代から、「行為」そのものが経済活動になる時代になったら、これをなんと呼べばいいのだろう。

たとえば、学校の正課目（国・数・理・社・英・音楽・体育）に対して「課外」の部活動がある。放課後がそれに充てられるが、正課目の体育で学ぶスポーツと部活のスポーツは明らかに違う。学校に通うどのくらいの生徒が「正課」を楽しみにしているだろうか。部活が正課になる時代に入ったのではないだろうか。

私のゴルフは、もちろん弁護士業という正業の余暇におこなわれるからレジャーということになる。正業の弁護士業は「正課」の延長みたいなものだ。楽しみでやっているわけじゃない。楽しみはゴルフだ。楽しみどころか、ほとんど生きがいになっている。生きる喜びはゴルフが与えてくれるが、その行為は稼ぐどころかとんでもない時間とお金の消費行動だ。

ところが、私にとっては消費行動であるゴルフを「正業」にして稼いでいる人たちがいる。プロ・ゴルファーを中心としてゴルフゲームを「見せ物」として売っている人たち。ショー・ビジネスといっていいだろう。それを見る人がいる。ゲームをプレイする人と見る人。これは、あらゆるプロスポーツに共通している。囲碁、将棋、演劇、芸能、音楽も同じである。

ゴルフの情報産業、ゴルフ用品の製造業、ゴルフ場施設の運営業というような分け方もできるだろうが、そちらは、私の立場ではない。

山口氏が言うのは、経済活動の需要の側、つまり消費者の側の経済活動の変化だろう。

もはや「消費」ということばもふさわしくないのかもしれない。プレーする、見る、聞く、食べる、話す、遊ぶといった「楽しみの行動」にお金を払うことをなんというのだろう。

そこに生まれるものは、「自己実現」という目に見えない精神あるいは心の世界の欲求であり満足だろう。

つくられる「消費者の欲求」

確かに、現在、そういう傾向は明らかだ。ただし、指摘しておくべきは、そのような消費者の欲求は、垂れ流される広告、特にテレビコマーシャルによって、市民たちにすり込まれただけではないのだろうかという問題だ。

そのような欲求は人間たちにもともとあるものではない。気分をよくさせて商品を買わせるよう催眠術的に錯覚を生じさせる広告手法がまかり通ってきたことに原因があると思う。

自己実現的消費をうながすコマーシャルも、結局「商品」を買わせるところへいきつく。マネーが「しあわせ」を約束するというコマーシャルが、金融商品へいきつき、金融商品が行き詰まると、「しあわせはマネーではない」というコマーシャルが人の心を動かし、そこに商品が用意される。経営者は、「しあわせ」とはなにかを考えなければならないし、あるいは、「生きがい」についても考える。それは、古来から哲学のテーマでもあった。

日本での「原発安全神話」は、熱しやすく冷めやすい日本人の特性も相まって、徹底している。官民ともにその呪文が解けにくい現実は、極東の島国というところから説明するしかない気もする。

22章　システムが変わったとは？

システムの変化にルールの制定が追いつかない

山口周氏が言う「サイエンス重視から哲学・アート重視へ」の変更理由の3つ目は、「システムの変化にルールの制定が追いつかない状況が発生している」ことだ。

これは、現行法だけ守っていればいいだろうというゴールドマンなどに代表される金権企業の「居直り」に対する非常に有効な指摘だ。

単なるヒューマニズムや感情的批判という評価を受けていたであろう反対論（堤説）は、現代社会では説得力が弱かった。しかし、この山口説は、めまぐるしく展開していく情報社会、しかもAIの発達によって必要なくなる企業・組織が多発しそうな現代社会において、法的にも充分説明可能な論理だと思う。

ちなみに私が、日本の金融危機の最中の1999年（平成11年）5月に出版した『ゴルフ場再生への提言』（八潮出版社）では、次の通り、星野英一元東大教授（民法）の発言を紹介している。

「法律を特定の目的のための手段とする考え方は、一歩進んで法律を自己に有利に利用する手段にすぎないという考えとなって今日なお強いように見受けられる。金融機関におけるその現れが、一方で、自分に都合の良い法律を作らせようとして、品がよいはずの銀行とは思えないような主張をすること（最近多い）、他方ですでにある法令を遵守するという当たり前のことを、わざわざ『コンプライアンス』などと呼び、それを『リスク管理』と考えて平然としている」

このような有力な法律家の視点は、バブル崩壊のなかでの債権回収方法にも反映されなければならないと思う。

星野元教授は、敬虔なクリスチャンであり、ヒューマニズムに基づいて銀行批判を展開されていた。おそらく法務省の民法改正の委員会等での金融業界代表者の発言があまりにも露骨と感じたのであろう。

バブル期に銀行員たちが、稟議書に嘘を書きまくってでも成績を上げることに狂奔していたことを知る若者は今やもう、少ないだろう。でも当時繰り返し金融機関のやり方を告発していた弁護士としては、星野元教授の指摘は「まさにその通り」と心のなかで喝采していたくらいのものだった。

バブル崩壊過程で、不良債権問題を自力で解決できない金融業界を延命させるためか、整理回収機構（ＲＣＣ）が登場。切り札として、譲渡対価がゼロ円であっても債権譲渡により額面通りの請求権を行使できるという「合法的なマジック」を使って、金もうけ外資と組んで不良債権問題を解決したことになっている。

しかしそのツケは大きい。なにせ、普通の市民社会では考えられない暴利を債権回収業者に認めてしまったからだ。そんな市民的常識とかけ離れた債権回収を認めることは、まともな市民たちの健全な市民生活に深く陰を落としてしまうのだ。

その意味で、平成の30年間は、日本を働きがいのない社会にしてしまったのではないだろうか？　なぜそんな急場しのぎの対処療法、ヤクザなみの「不良債権処理」の法律をつくったのか。政府がうろたえたのは、それまで経験したこともなく予想だにしなかったことだったからだ。

その根本的理由が「システムの変化」にあったことが、今ならわかる。

しかし、吉田拓郎が歌ったように、「古い船をいま動かせるのは古い水夫じゃないだろう」（イメージの詩）。古いシステムは新しいシステムの起こす問題を解決できないのだ。

機能していない内部規範

日本を働きがいのない社会にしてしまったという指摘は、日本の基幹企業全体にあてはまることだろう。バブル経済崩壊の主犯であった銀行をはじめとするあらゆる金融機関、原発問題を抱える東京電力を頂点とする重厚長大企業群である。

今はやりのコンプライアンス論議からすると、まさに企業に対する説得力がある山口氏の意見だ。

コンプライアンスを「法に触れていないかどうか」程度にしか考えていないスキャンダル企業

の特徴と言うべき、

「開始の判断＝経済性、廃止の判断＝外部からの圧力」

との構造が共通しているからだ。簡単にいえば、「儲かるかどうかではじめ、外部から文句が出たのでやめる」というわけだ。

つまり、美意識に代表されるような内部的な規範がまったく機能していない。コンプライアンス論議でいえば、法に触れていないかどうかではなく、コンプライアンスに重要な「社会的責任をはたしているか」を判断する企業内のガバナンスを持たないビジネスが、不祥事を繰り返す、と山口氏は言う。

「脱法的ではあるが、違法ではない」と評価されたライブドアのニッポン放送株買い占めも、「法律で禁止されていない以上、問題ない」という意識でホリエモンは行動していた。

実定法主義の人と思われる彼は、倫理的にどう思うかという問いに対し、「法律違反はやってない」と回答するだけだった。

ゴルフ界でも、バブル崩壊時太平洋クラブ大河内昇一社長＊がつぶやいていたことは、表面上はリスクをとるポーズをしながら形式的合法性の範囲で自由に動き回る外資とは同じ条件で動けない日本企業についての悲哀だった。

これに対して、自然や人間の本性に合致するかどうか、その決定が「真・善・美」に則るものかどうかを重んじる法哲学が、自然法主義である。環境汚染、ウイルス汚染が拡がる今日、真の

＊住友銀行から太平洋クラブ社長になった。

自然法主義に帰る新しい動きが必要だ。

給料ファクタリングまで登場

15章で、経験がない弁護士たちの判断と常識を欠いている裁判所の判断のことを書いた。いま資金に困った人たちがカードや町金融で借入限度に達すると、ネットで大宣伝をしているファクタリング会社に申し込んで、売掛金担保でスピーディーに資金調達ができるという。1ヵ月で2割とか上乗せしないといけないので、あちこちでファクタリングをやりまくり、必ず破綻する。

裁判官が、契約書条文の文言にとらわれて、これは「貸金」ではないと判断したので、国家的に承認された資金調達方法とネットで大宣伝。若者たちは手軽にお金ができると深みにはまる。

裁判官の「常識を欠いた判断」ということは、現代の世の中のファクタリングを利用せざるを得ない人たちの実際の生活現場を知らない判断という意味だ。ファクタリングで「手数料」といっている月20%前後の金額が積み重なれば、ファクタリング利用者がすぐ経済的に破綻することに気づけない能天気な人たちなのだ。

最近は、給料ファクタリングまではじまったらしい。さすがに対象が直接払いの原則（労基法24条）の適用がある給料だから、裁判官もこれを承認はしない。

あれから20年以上たつ。時代が変われば、法解釈も変えないといけない。

23章　実定法主義から自然法主義へ

コロナに対応できない世界の為政者たち

奇しくも、２０２０年のコロナウイルス禍をきっかけに、実定法主義（強欲資本主義）と自然法主義的な考え方の対立が鮮明になってきた。

リーマンショックを修復したかに見えた、アベノミクスとトランプバブルは、コロナ問題を契機に、すべて消し飛びつつある。

イタリアやスペインなどリーマンショック後に経済崩壊し、アメリカとＩＭＦ（国際通貨基金）のいいなりになって医療費を大幅に削減させられた国々は、今回本当に悲惨な状況になっている。

対照的にアメリカ・ＩＭＦ連合軍の指導に従わなかったアイスランドの賢い対応は、「先見の明」があった。

他方、アメリカに近いキューバは、医療政策が功を奏したのか、行き先に困ったクルーズ船を喜んで受け入れるなど、素晴らしい対応を見せている。

また、農薬や放射能等の環境問題には鈍感な世界の為政者たちが、死者数がインフルエンザに及びもつかないコロナウイルスの方には異常に反応している、という不思議さ。

これらのことは、実定法と自然法という２つの主義もしくは思想対立を乗り越えるヒントになると思う。

資本主義をコントロールする英知は？

私が、『月刊ゴルフ用品界』に連載をはじめたのは、ゴルフ用品界社社長の片山哲郎社長と「現行資本主義の終焉は近い」と話し合ったことからだったが、まさに米・欧・中では、外出禁止・企業活動停止を軍事力で実現せざるを得ない状況が現出した。

コロナ禍を、かつてのペストといった歴史的な疫病と同じだと思っている人が多いが、まったく異質のものだ。菌ではなくウイルスだというのではない。コロナが暴走するのは、現行資本主義が人間の欲望をコントロールしなかったため、資本主義の末期症状に至ったからと理解すべきだ。この暴走に外出禁止・企業活動停止を軍事力をつかって対抗せざるを得ないお粗末さ。

資本主義のコントロールを人間の「英知」で行わない限り、人間が結局のところ、地球に対するウイルスでしかなかったことを証明することになるだろう。「コントロール」は、コンピュータ用語で「制御」と訳され、天才ウイーナー＊が創りだした新しいシステムのキーワードでもある。コンピュータでは半導体集積回路が一手に引き受けているが、古いシステムである現行資本主義

＊ノーバート・ウィーナー（1894～1964）アメリカの数学者。サイバネティックスを提唱、心の動きから生命や社会までをダイナミックな制御システムとしてとらえようとした。

に制御装置は存在しない。

人間の進化の過程でも、脳が「制御」（コントロール）の回路を獲得するのはごく新しいことだという。コントロールできる「英知」は、「知恵」よりワン・ランク上の言葉だ。真・善・美を総合したものが英知だ。

古いシステムは、デカルトの合理、カントの言う「真」（理性／合理）一本槍で約４００年突っ走ってきた。しかし、21世紀でついに立ちいかなくなった。現行資本主義は、もはや「合理」ではコントロールできなくなったのだ。

コロナに即していえば、「殺菌・除菌」の励行は、近代の衛生思想にもとづく合理的な考えだ。皮肉なことだが、日常生活の衛生の徹底は、人間の免疫力を低下させてしまった。「殺菌・除菌」は、コントロールとは違う線型システムである。

殺菌・殺虫・除草の農薬は「緑の革命」といって、農作物を飛躍的に増産させた。資本主義の勝利と見えたが、これによって土壌の微生物を殺して生態系は崩壊、食物を通して人体に入った人工化学物質が、大量の病気を発症させた。結果、医療・健康産業の興隆をみるわけだが、この資本主義システムにコントロールはきかない。

つまり、コントロールという思想は実定法主義のスタンスに立つ資本主義にはないのである。

バブル崩壊後、外資系ファンドが日本で大活躍、日本の資産を持ち去ったのは、まぎれもなく彼らの「合理」の能力が日本人より高かったからである。

残念なことだが、彼らの法を武器に展開した合理主義に日本人の「恥」という高度な感性はそれを発揮することもできずに敗北した。あたかも自然法が実定法に敗北したように見えるが、そうではない。

日本のエリートが、戦後70年、実定法しか学んでこなかったためだ。

目指すべきはドローかフェードか？

ある年、オーガスタナショナルの1番ティの真後ろに座って、マスターズ参加全選手のティショットを見ていたことがある。

初日には、世界ランキング1位を通算97週つづけたニック・ファルドやおっとりした物腰の南アフリカの雄アーニー・エルスですら震えていたりする。

２０２１年、松山英樹も最終日、この1番ティで右にミスした。1番ホールは、きちんと芯でヒットしないと上り坂の上まで行かないのだ。

右に大きなバンカーが口をあけ、少し右にドッグレッグしたホールである。バンカーを越えるには、キャリーで３３０ヤード超の会心のショットが要求される。左の林やバンカー右の林に入れると苦しい。こすりボールと引っかけボールは、どちらもダメ。フェアウェイの中央左からフェードボールを打つ選手が多いだろうと予想していたが、調子がいい選手たち、たとえば、カプルスやグーセンなどは、大きなストレートボールを打っていた。

やはりスピン量を少なくコントロールできるクラブとボールの恩恵はまずトッププロたちに与

えられる。

一方われわれアマチュアゴルファーも、定まらない球筋にもかかわらず、ドローにするかフェードにするかいろいろ考える。

ドラコンホールやアゲインストのホールでは、ドローが良さそうだし、左に池やＯＢラインが近いホールではフェードがいいような気がする。

かといって左右打ち分けていると、ショットがおかしくなる。アイアンショットに至っては、平らなライから打てないことが多いので、ますます混乱する。前上がりでフェードを打とうとしたり、左足下がりでドローを打とうとしたりすると、もうそれはサーカスに近い世界だ。

だから中部銀二郎さんではないが、本当はストレートが一番なのだろう。前上がりからなら左に曲がるので、少し右を向いて打てばいいし、左足下がりからなら左を向けばいい。

「でも」である。どうやったら真っすぐ打てるのか、それが問題なのだ。一流プロたちは、すでにストレートボールを手に入れた。一方、我々アマチュアは、曲がって当たり前と考えてゴルフをしたほうがいいに決まってる。

だからドローかフェードどちらか決めてしまえばいいと考えた。

最近のクラブは、フェードでも距離は十分。そしてフェードの方が転がらないので安全だ。しかもどちらに曲がるか分かっていれば、フェアウェイ幅は倍になるはず。

こうして私はドローからフェードに変えて、ゴルフが変わった。

左の池やＯＢラインに向かって振っていくのは勇気がいる。でも、左に振れば振るほど真っすぐボールは飛ぶのだという教えを信じて、私は左に振り続けるのだ。

つまるところ、センターへコントロールできる域にはまだ達していないのだ。

ゴルフは、新しいシステムと同じように、初めから終わりまでコントロールのゲームだといっていい。むろんコントロールはあらゆるスポーツの究極の技術だ。どんな豪速球投手もノーコンでは役に立たない。

後出しジャンケンで違法になる

あらゆる問題を議論するときに、山口氏の意見のとおり、今やシステムの急激な変化の時代なのだ、ということが大前提になる。法令不遡及の原則*にもかかわらず、後出しジャンケンで違法とされるリスクが確実に拡大していることは確かだ。

従って、ルールの整備が後追いでなされる世界でクオリティの高い意思決定を継続するためには、「美意識」が求められる、という方向性は正しい。

まさに世界の現状のような「人類が向き合ったことのない未曾有の選択を迫られる」ような事業環境において、決定的な倫理上の誤りを犯さないために、「美意識」に欠ける経営者は退場に値するということだろう。まさに、今回のコロナ問題は、未曾有の選択の世界だ。各国首脳の人格・能力が問われている。

確かに、後出しジャンケンで違法とされるとか退場に値する、ということは、行為の時点では

＊法令（主として刑罰法規）の効力は、その法の施行時以前にさかのぼって適用されないのが原則。

現行法上違法ではない、とされている。しかし、この時代の変化を受けて、被害の程度も考慮のうえ「現行法上も違法」と解釈すべきだということに踏み切る時代ではないだろうか。法律家がこのような主張をすることは、結構勇気がいることだ。

自分で考えるだけでは、結論が出ない。「現行法上も違法」と判断をするには、世界の現状と動向をかなり知る必要がある。世界の動きを知るには、経済とかオカネの動きとかを理解しないと判断ができないと、数字に弱い私としては、ずっと気になっていたのだ。

いま、経済とは何か？

あわてて読みはじめた本が、なぜか皆ギリシャ神話につながってくる。物事を掘り下げていくと、みなそれはギリシャ時代に、哲学者たちが議論をしていた問題にたどりついてしまうようだ。かつては哲学者を輩出したギリシャも、今ではリーマンショックで真っ先に経済危機に陥り、２０１５年には、先進国ではじめての対ＩＭＦ債務不履行国となっている。

その財務大臣として、ＩＭＦ（国際通貨基金）に対し債務帳消しを主張したヤニス・バルファキス氏がわかりやすく「経済とは何か」を語ってくれている。*

そして、40年以上、私が解くことができなかった難問を、ローマ法学者・木庭顕が中高生に映画や本を題材にして読み解く本を発見。このギリシャ神話を題材にした本、『誰のために法は生まれた』**が大変おもしろい。

＊ヤニス・バルファキス『父が娘に語る経済の話』関美和訳、ダイヤモンド社、2019年

＊＊木庭顕『誰のために法は生まれた』（朝日出版社、2018年）

デマやフェイクが飛び交い、ユーチューブでは、真実と嘘を織り交ぜ、テレビの世界の延長をやっている時期、何が真実であるのか、じっくり腰をすえて考えないと間違えそうだ。

そう、覚悟は決めるしかないだろう。

もともと人類は植民地の原住民にウイルスを伝染する（あるいはまき散らす）ことによって、原住民を絶滅させてきた歴史がある。

その意味で、宇宙船地球号の上で、実定法主義につながる新自由主義的な政策は、採用すべきではないのだ。新自由主義的な政策が、地球上に蓄えられた有限な資源を消費し続ける愚かな政策であると、アメリカの建築家であり思想家のバックミンスター・フラーは「宇宙船地球号」という言葉に託して指摘していた。宿主と言うべき地球の環境そのものを破壊する古いシステムとして、実定法主義と新自由主義がある。

実定法主義を振りかざし、「今だけ、カネだけ、自分だけ」と評される考え方は、もうこの地球と全人類に対する説得力を失っていると判断すべき時期なのだ。

後に、多才な経済学者ケネス・エワート・ボールディングが、来るべき宇宙船地球号の経済学を進化経済学として提唱している。

バックミンスター・フラー『宇宙船地球号操縦マニュアル』芹沢高志訳、ちくま学芸文庫、2000/10/1

みんな運命共同体だったのだ

閉じた系としての「宇宙船地球号」という言葉は知っていた。開かれた系として大草原をかけるカウボーイたちの牧歌的時代、「カウボーイ経済」のもとでは、資源は無限だった。

でも地球の歴史から見ると、ほんの一瞬で資源を使い果たしかねない現代経済は違う。人類は宇宙船地球号に乗っていると考えるべきと、経済学者ボールディングが言った。今から半世紀も前、１９６６年のことである。

これによると１９７０年代、金融経済政策に呼応して起こったアメリカ流新自由主義は、際限のない市場原理主義、自由主義である。グローバリズムを掲げて、すべては自己責任、合法的なことでありさえすれば何をやってもよいとして、「１００年に一度」と評されたリーマンショックを乗り越えてきたかのようであった。

しかし、そんなことが長く続くわけがない。コロナウイルスは、あっという間に、新自由主義のバブルを吹き飛ばしてしまった。

世界中の人たちはみんな「いっしょに水漏れする船に乗っている運命共同体」（デビッド・バーン*）だったのだ。

今こそ、この間失われていた「共同性」を重視した方向に考え方を変えよう。


*デビッド・バーン（1952年〜）ロックバンド、トーキング・ヘッズ出身

24章　長かった人間中心主義時代

実定法主義と新自由主義の破綻

私のつたないゴルフ界での経験に基づいて、「おかしい」と思う問題の根っこを、資料や今まで読んでなかった本を読みながら、考えてきた。そしてたどり着いた地平が、実定法主義と自然法主義の対立だった。

この対立は、「合法的なら何をやってもいい」とよく居直っていたゴールドマンを先頭にした、強欲資本主義集団に代表される「実定法主義」と、自然中心の人間的やさしさ（ヒューマニズム）を重視する「自然法主義」（広くは、ギリシャ神話以来の、自然から何らかの行動や判断の基準を導きだそうとする考え方）の対立として、理解されていた。

現代の自然法理論は、法哲学者グスタフ・ラートブルフの「法律の形をした不法と法律を超える法」（１９４６年）にはじまる。彼はナチス・ドイツの敗北を受け、ナチの行為を合法とする法実証主義からの回帰を図った。法実証主義は、実定法主義と似たもので、「法律は法律だ」という立場である。「それが正義か悪か」という価値論を考慮しない。どんな悪法も法律であることに変わりがないというわけだ。裁判官は「その法律が正義に反するかどうか」を論じる必要はない。単に、「法に違反したかどうかだけ」を判断すれば良いというのだ。

ラートブルフは、ナチスの戦争中の行為時に、一見すると合法行為のように行われた非人道的行為の合法性を剥奪する必要から、制定法そのものを自然法で覆したのである。

私が、これまで山口周氏、ヤニス・バルファキス氏、宇宙船地球号の経済論者たち、そしてアイスランドの市民たちの発想からたどり着いたのがこの地平だった。

しかし、中国からはじまったコロナ・パンデミックは、実定法主義に基礎を置く新自由主義のスローガンというべきグローバリズムを実証するかのようにまたたく間に、世界のすみずみまで広まった。

まるで大航海時代、疫病の抗体をもった欧州人たちが物産を求めて世界中に植民地をつくり、免疫のない植民地の住民たちを全滅させたのと似たことが、コロナウイルスによって、アマゾンの奥地やアフリカの発展途上国で起きているのだ。

そんな状況で、「今だけ、カネだけ、自分だけ」しか考えないことを奨励しているかのような実定法主義、新自由主義はまったく説得力を失ってしまった。

やはり、世界の人たちを乗せた宇宙船地球号は、有史以来人間たちが知恵（英知）を振り絞って考え出した自然法思想と民主主義のもと、巡航しなければいけない時が来たのである。

今や、人類全体の共存より自分たちの利益を優先して宇宙船操縦席を独占するようなごく一部の強欲資本主義者たちのわがままを制限しなければならない時が来たのだ。

コロナ対策の必要性と危険性

今のところ、世界の国々のコロナ対策は、各国の取る政策によってさまざまだ。全体主義的で一律・厳格な中国から市民の自由を拘束しない最も自由主義的なスウェーデンまで、それぞれ個性がある。

２０２１年９月19日現在、世界の感染者数は２億２８１８万人、死者数は４６８万人。

日本は死者も検査数も非常に少ない希有な事例だが、政府の優柔不断でメッセージのない自粛要請中心の指導力の弱い施策が結果的にどうなるのか、世界が注目している。検査の不徹底や硬直的な医療体制への不信が渦巻いている。

情報では、いまのところ世界的に国家の指導力により成功を導いたのは台湾と韓国のようだ。どちらも中国と近く常に国家として危機感を国民が持っている国。

イタリアやスペインでは、アイスランドと反対にＩＭＦやアメリカの意向を真に受け、財政健全化と称してリーマンショック後、医療関係予算を大幅に削減したことが異常な死者の増加を生んだ。そもそもアメリカが経済的に医療機関に行けない貧困層が多いため死者数がふくれあがっている。

そして、いまインドの悲惨な状況とワクチンが効きはじめたイスラエル、そして水際対策を徹底し超早めのロックダウンでパンデミックを阻止し、５万人参加ライブ・コンサートも可能にしたニュージーランドの状況が注目される。

人口比での死者数はイタリアが群を抜いていた。次いでイギリス、アメリカ、フランスとなっていた。その後アルゼンチンとブラジルの人口比死者数が欧州各国を超えていった。注目すべきは、ここでもアイスランドだ。官民協力で検査を徹底。人口あたりの感染者数は世界でずば抜けて多いが、死亡者が極端に少ない。陽性者は半分が無症状であることを突き止め、都市閉鎖を免れたという（２０２０年4月28日、日経新聞）。

新自由主義経済のチャンピオン・アメリカは、コロナの1年をトランプ大統領が率いて、終始コロナ対策に消極的だった。その結果、死者約67万人。* これは第2次世界大戦での死者数を超え、さらに朝鮮戦争、ベトナム戦争の死者を加算した数字も超えている。

米国大統領バイデンは、コロナ収束に向け、トランプの政策を大転換中である。

にもかかわらず、アメリカも日本も「コロナ相場」と呼ばれる奇妙な現象によって、株価は高値、ゴールドマンは減益予想を裏切って過去10年間最大の利益を上げている。

古典的資本主義の世界での「戦争」に潜む「知りたくない真実」のように、「病気と健康」という舞台装置を用意して、両翼に商品をセット、その往復運動で経済をまわす新自由主義市場の思うツボとも考えられないことはない。

＊ 2021 年 9 月 19 日現在（ＮＨＫ）

日本における自然法主義の勝利

リーマンショックを生き延びたゴールドマンは、世界中のサブプライム問題で傷ついた国家や企業を救済すると称して食い物にしてきたという。アイスランドも、ターゲットのひとつだっただろう。

しかもゴールドマンは、1度撤退したはずの日本のゴルフ場に、リーマンショック後また進出しようとして、太平洋クラブの再建に名乗りを上げていた。

考えてみれば、あの太平洋クラブをめぐる会員たちとゴールドマン・アコーディア連合の闘いは、自然法主義と実定法主義の闘いだったのではないか。

電話作戦で集まった素人衆たち会員が、自然法主義そのものだ。素手とせいぜい竹槍で、実定法主義のミサイルをぶち込んでくるようなゴールドマンと闘うなんて、勝てっこないよ、とみんな思うだろう。ゴールドマンたちは民事再生法に則って合法的にやっていることを強調していた。これが実定法主義のやり方だ

会社更生法適用後、東急系ファンドの持っていた根抵当権付き債権の買い取り競争時にも、臆面もなくゴールドマンは、会員などはどうでもいいこと、「合法的にもうかれば何でもする」と豪語していたという。さすがに、債権の売り手の東急グループもそんな外資に加担したら大変とばかり、マルハンに売却して会員保護をせざるを得なかった経緯があると聞いた。

でもリーマンショックから回復した経済のもとでは、ファンドならそれはしようがないことだ、

くらいの感覚が物わかりのよすぎるお人好しの日本人たちのなかにあったと思う。

なにしろ、ゴールドマンは世界的に有名なアメリカのれっきとした投資銀行なのだから、ヘンなことをするはずがない。これが、「外国人」に弱い日本人の感覚だ。

でも今は完全に違う。

自然法主義は、素朴な人間の感覚を研ぎ澄ませて嗅ぎ分ける。怪しげなものは、どんなに論理的整合性を強調しても「怪しい」と感じる能力がある。

「合法的にもうかれば何でもする」、そんな連中に任せていたら、世界中の自然は破壊され、疫病は定期的に人間社会を襲ってくることが明白だ。そして、彼らを生きながらえさせれば、また彼らは自然破壊と疫病蔓延でもお金をもうけ、ただ彼らの富を拡大させるだけではないか。

彼らのよって立つ実定法主義と新自由主義を根絶しないと地球はもう維持できないことが、証明されたのだ。

ウイルスとの共生と自然法論

コロナ・ロックダウンと自粛で、世界中の大気汚染が解消しているという。

「人間中心主義」を見直す立場の英国哲学者ティモシー・モートンは、この時期、「ウイルスに感謝」という刺激的な投稿をして、人間とウイルスの共生を訴えている。

コロナによって人間は移動しなくなった。家に引きこもり、人と人の接触を避けた。その結果、

CO_2の排出が減少した、環境汚染を抑えた、だからウイルスに感謝と言ったのである。

これは、フランス大統領マクロンが、コロナを「敵」とみなし、外出制限を打ち出す際に言った「われわれは戦争状態にある」という演説を受けた発言だった。これにならってわが国の首相も、「人類が新型コロナウイルスに打ち勝った証しとして」オリンピックを開催するとぶった。

コロナははたして敵なのか？　モートンが言った「感謝」は冗談でも皮肉でもなく、欧米社会が数百年にわたって信じてきた「人間中心主義」に投げかけた根本的な疑問だったのだ。

「人間中心主義」を〝人間主義〟（ヒューマニズム）と間違えてはいけない。「人間中心主義」は、デカルト以来人間の理性が構築してきた「人工システム」つまり山口周氏の言う「論理的・理性的な情報処理スキル」のことだ。

日本では、このような哲学的発言は展開されなかった。なぜなら、哲学的に思考するまでもなく、日本文化の伝統的世界観は、「人間もあらゆる生物とともにある」というものだったからだ。欧米思想は長く「自然と戦う人間」という世界観で生きてきた。欧米化が「近代化」だと思い込んだ日本もそれに追随し、遅れてきた近代人を気取るわが国の首相も自然を「敵」とみなして発言する。

しかし大方の日本の庶民は、日本人の世界観からいち早く「コロナとの共存」を言っている。それは、むしろ日本の「コモン（常識）」である。常識的ではないのは、営業自粛しないパチンコ店の混雑と一緒にゴルフ練習場の打席やゴルフ場の駐車場の混雑映像を、非難がましくＴＶ放映したマスコミである。

なかには、町会ぐるみで「自粛警察」まで組織され、無観客でライブ配信を行っているライブハウスを攻撃する人たちも出てくる始末。また、自粛を求めるより、ロックダウンで違反者に罰則を、という声すら聞こえる。これは、欧米化が正義だと思い込んだ遅れてきた近代日本人の嫌な側面だ。

確かに、ＩＴを駆使して早期に感染を封じ込めたかに思える国はあるようだが、それは個人の自由を大きく犠牲にしたことを忘れてはいけない。

韓国がいち早くパンデミックを抑えたのをみて、あわててデジタル化促進官庁を立ち上げるあたり、いかにも遅れてきた近代人らしい。近代人とは「人間中心主義」であり、古い人間システムに生きる実定法主義者である。コロナから学ぶものは、そんなことではないはずだ。

普通の日本人は、改めて日本文化のなかの自然観を学んでいるというのに。

25章　新型コロナウイルスが世界を一変させた

今回の危機は違う！

私は団塊の世代である。この世代にとってのエポックは大学時代の学生運動、昭和60年代のバブルと平成初期のバブル崩壊、そしてリーマンショック、東日本大震災と福島原発事故などで、これらが「危機」と認識されてきた。

しかし、「１００年に1度の危機」と言われたリーマンショックも、今となっては軽症に思える。それほど今回のコロナ禍は、ケタ違いの衝撃を人類にもたらした。

最大の衝撃は「新自由主義」の破綻ではないかと私は思う。違法でなければ何をやってもかまわないという新自由主義、自己の最大利益を得るためにどんなことでもする新自由主義が世界に蔓延したが、多くの識者たちがその敗北を指摘しはじめた。コロナが契機となったことは言うまでもない。

ソビエト連邦の崩壊を予言した歴史家エマニュエル・トッド*はコロナへの敗北を認め、「グロー

＊エマニュエル・トッド（1951年〜）フランスの歴史人口学者・家族人類学者。『大分断　教育がもたらす新たな階級化社会』（PHP新書）

バル化のチェルノブイリ」だと言っている。イギリスのアーティスト、デビッド・バーンは「われわれはみんな同じ沈みかけている船に乗っている」と言い、社会学者大澤真幸*は、人類「運命共同体」説に立つ。

また、『サピエンス全史』の著者であり歴史学者のユヴァル・ノア・ハラリ**や経営学のコトラー教授は、旧来の政治・経済・文化の在り方を一変させる「ニュー・ノーマル」の到来を示唆する。

音楽家坂本龍一は、過度な経済成長がパンデミックを招き、グローバリズムの破綻は明白として、今こそ世界中の英知を集めて、持続可能な世界をデザインすべきと主張する。

新型コロナは、単に新種の疫病ではない。温暖化に代表される人類と地球の関係や、過度な資本主義の在り方、あるいはいかに生きるべきかの思想を含めて、究極の問題をわれわれに投げかけている。

新しい民主主義への変化

確かに、２０２０年から２０２１年、コロナ禍の２年で私たちの生活は激変した。

まさしく「ヴーカ」（不安定、不確実、複雑、曖昧）状態だ。超高層建築を中心とした都市の再開発に対する反省がはじまり、大手企業は、早期にテレワークに切り替えて、社員を満員電車から解放した。

時代はもはや、アメリカ西海岸の低層建築の開放空間に、必要なときだけ自転車通勤するよう

＊大澤真幸（おおさわまさち、1958年〜）『コロナ時代の哲学』（左右社）
＊＊ユヴァル・ノア・ハラリ（1976年〜）イスラエルの歴史学者。『サピエンス全史　文明の構造と人類の幸福』（河出書房新社）

な「アップルスタイル」*を求めている。

長く続いた都市部への一極集中が是正される契機にもなろう。

この間、わが国では、強制力がないはずの「緊急事態宣言」により、半ば「強制」されるかのような休業、営業時間短縮が広まった。

これにより経営が逼迫する中小企業の救済だけではなく、金融債務や家賃債務への資金援助までが、補正予算の形で国会承認される事態になってきた。

同時に、各種給付金の遅れと混乱、ドサクサに紛れた持続化給付金を電通ダミー法人に委託した不可解な「中抜き」も槍玉に挙げられた。今や自民党若手が消費税ゼロを言いだすほど、いい意味で自民党の混乱がはじまった。

若くて優秀な地方知事の献身的な活動を含め、日本の中央集権が瓦解する兆しもある。

さまざまな社会で若い世代の柔軟な対応が見られる。

換言すれば「新しい民主主義」の胎動と言えるかもしれない。

ユーラシア大陸の西の果てアイスランドで起こった奇跡が、東の果ての島国日本で起ころうとしている。

各国のコロナ対応

一連の混乱は、コロナの素早い拡散力がもたらしたものだ。

＊巻頭口絵 p.8 上段の写真は、廣野 GC を改造した MARTIN EBERT の自転車姿。

人類が世界に拡散するには6万年かかったのに、コロナは2ヵ月で世界拡散をなしとげた（人類学者篠田謙一、2020年4月20日　日経新聞）という。しかも今回のコロナウイルスは、いつまでも同じ姿ではない。すさまじい変わり身の早さで変異する。

このウイルスは、グローバル社会を目指して世界中を素早く物流、人流が駆けまわるようにした人間の愚行にのって、アッという間に世界を席巻した。そんなコロナウイルスに対し、各国政府が取った対策は、さまざまだった。

政府対策に対し、罰則を含む強制力を行使できる法的根拠がある国や地域では、いわゆる「ロックダウン」が実施された。イタリア・フランス・アメリカなど、警察力だけでなく軍隊が動員された。イギリスも当初の方針を変更してロックダウン方式に切り替えた。最も乱暴な中央集権国家中国も、感染地域をいきなり封じ込めた。

対照的なのがスウェーデンやアイスランドで、ほぼ日常どおりの生活を維持しながら、都市封鎖を免れている。

台湾と韓国、ニュージーランドは、官民協力のもと、デジタル技術を駆使して流行を食い止めた。2012年のMERS（中東呼吸器症候群）などの教訓を生かした結果だった。

他方、アフリカや南米・アジアにはなすすべもない国々が多数ある。しかしながら死者数から見るかぎり、なす術があったかなかったかにはあまり関係がないのも、今回のコロナウイルスの特徴ではないだろうか。

特異だった日本政府の対応

それでは日本の対応はどうだったのか。

日本はデジタル技術も罰則という強制力も中途半端なまま、すべてが後手にまわった印象が強い。押し寄せる2波、3波、4波の感染の波に、遅ればせの「緊急事態宣言」とその延長の形で対応、かろうじて国民に休業と営業時間の短縮という「自粛」を要請した。

２０２０年４月７日に発令された第１波への同宣言は、１ヵ月後なんらの科学的根拠もデータ公表もなく、延長された。マスコミも、「日本はニューヨークのようになる」といった恐怖心の刷り込みにはげみ、本来あるべき政府発表政策の根拠を精査報道する姿はなく、相変わらず扇情的に感染拡大現象の垂れ流し報道に終始した。

実際、緊急事態宣言は翌２０２１年１月７日に2回目が出され、これも3月のオリンピックの聖火リレー開始時まで延長された。つねに延長は、「感染率は低いが、致死率は高い」前提がないままに断行されたから、評判が悪い。つまり延長時の状況は「感染率も致死率も低い」前提になっていたのだ。東京での3回目の宣言は、２０２１年4月25日、4回目は同年7月12日だった。

4回の「緊急事態宣言」とその延長を繰り返した背景には、日本特有の専門家タコツボ社会とメディアのインフォメディック（情報の感染爆発）があると私は考える。

知の構造化

当初、欧米と比べて、日本の感染者数、重症者数、死者数が低いのはなぜかという議論がなされた。「日本人はコロナに対するなんらかの耐性をもっているのではないか」（三菱総研その他のシンクタンク系レポート）という見方は根強い。なかでも小宮山宏元東大総長の指摘と疑問は鋭い。

小宮山氏は、安倍首相が第1波の折に「人出を8割減らせば1ヵ月後に減少に転じる」を訴えた根拠に疑問を投げかけている。これは、厚労省の「クラスター対策班」の「8割おじさん」といわれた北海道大学の理論疫学者・西浦博の理論値にもとづいたものだが、8割はあまりに多すぎる。

接触感染は「人の密度の2乗に比例する」というのは、文科系の私でもわかることだ。従って人出が55％減れば（0・45×0・45＝0・20）、接触率は80％減るはずだ。感染症のもっとも基本的なＳＥＩＲモデル（未感染者・感染者・発症者・回復者）で計算しても同じだという。

こんな単純計算のミスもまかり通るほど混乱していたといえばそれまでだが、混乱に乗じて政治家たちはパフォーマンスに余念がなく、マスコミは現象の報道以上の芸もなく、権力を見張る番犬からタダの座敷犬に成り下がった。

小宮山氏は問題の複雑さに向かう態度として「知の構造化」を訴える。「コロナ以前に戻す」目的のために世界中から上がってくる多様な情報を選別、配置する知的な作業がなにより必要だという。氏は日本の不思議な現象を3つ指摘する。

ひとつは、感染検査ＰＣＲが増えないこと、
ひとつは、世界に誇る医療体制を持ちながら「医療崩壊」が叫ばれること、
ひとつは、強すぎる行政に慣れてしまった国民。

日本独自の「《自粛》要請」とは？

世界各国と比べて、高齢者28％社会、都市人口は過密（東京１３９６万人）でありながら、ロックダウンもせず、ひたすら「自粛要請」を繰り返した日本は、とにもかくにも、２０２１年３月の時点でコロナの死者は１万人に至らない（９月には１万７０００人を超えたが）。この数字は何を意味するのだろうか？

日本人古来の民族性として、「島国根性」をいう向きがある。それは、同調的で相互監視的かつ「お上」の意向にことさらに弱く従順、という見方が一般的だ。

いや、それを古くからの日本人の民族性だというのは間違いだ、という指摘がある（古谷経衡*、５月12日 Microsoft ニュース）。

相互監視的かつ「お上」の意向にことさらに従順という日本社会の翼賛的性質は、「欲しがりません、勝つまでは」の標語とともに戦時統制下で形成されたもので、戦後も脈々と継続しているという。これを経済学者野口悠紀雄は、戦後日本経済史で「１９４０年体制」と呼んでいる。

そして今回のコロナ禍では、この比較的新しい日本人の民族性が露骨化している。感染患者宅

＊古谷経衡（ふるや つねひら、1982年〜）作家、評論家

への投石、落書き、つるし上げのみならず、法的強制力のない営業自粛要請に、事情があって応じられない（倒産しかねない）店舗の情報を「お上」に通報するなど、私的リンチの横行だ。古谷氏は、この日本人の魔女狩りを許す「中世社会的体質」が、コロナ禍後、社会改良の機運がなくなることを危惧する（２０２０年5月8日東洋経済オンライン）。

　このような独善的な正義感は、日常的にもよくみられる。２０２０年春先のミニ・ゴルフブームのころ、ワイドショーがゴルフ練習場の満員状況を報じると、練習場に「自粛」を求める大量のメールがとどいた。そこには脅迫めいた文言が並んでいたという。

　ここで「自粛と強制」について考えてみたい。

　コロナ死者の急増にあえいだ欧米諸国は、「強制」という手段をとった。法的強制力がある措置を憲法もしくは法律に持っていれば、それは有効な措置となる。もちろん法律によって国民の経済的自由を制限する。制限する以上、財産権補償が必要となる。つまり、一種の生活資金バラマキが必要となる。現に、ロックダウン実施国は、補償を早期に行っている。

　その一方日本では、ロックダウンではなく「自粛」を要請した。麻生太郎財務相は、「自粛でコロナを抑え込めたのは、日本人の民度が高いから」と発言をして、マスコミから笑われた。

　さて、「自粛か強制か」を考えると麻生氏の民度理解を笑ってすまされるものではない。彼は正しく「民度の高さ」とは、「お上に従順な国民」だと理解している。日本国民は、ロックダウンなどという強制をしなくとも「自粛要請」をお上がすれば、同じ効果となると言っているのだ。
民度が高いのか、低すぎるのかはともかく、現状では、財務省官僚、政治家、学者に国家財政健全論者が多く、自粛要請に対する補償はしない傾向が強い。

「自粛」とは、自分の行いを「つつしむ（粛）」ことであり、国家の強制権は発動されない。だから国は、生活補償がおざなりでいいとでも思っているのか。民度におんぶにだっこは許されないだろう。

多額の国債発行を積み上げながら、デフレ脱出がまったくかなわなかった（でも財政破綻はまったく起きていない）平成時代への反省がまだできていないのだろうか？

麻生財務相を笑うマスコミは、笑われているのが自分だとわからないくらい民度が低い。

自粛がいいに決まっている

マスコミの恐怖報道に引きずられてか、日本でもロックダウンを求める国民の声が、少なくなかった。しかし、法律をもってこれを肯定することは、全体主義的な監視を受け入れることを意味する。『バカの壁』を書いた養老孟司は、日本人が「集団のなかで思考力が弱まっている現状」に危機感を示す。

自分で判断しなければならなくなると面倒になり、国や自治体に「決めてくれ」と言う。そして、ルールを破った人間を非難し合う。

他方、評論家・東浩紀は人間を家畜のように監視することの危険性を訴える。また、前記歴史家ハラリ氏は、市民の生体データを企業や政府に提供することの恐ろしさを警告する。その返す刀で「監視体制を築く代わりに科学や行政、メディアに対する人々の信頼を再構築すること」が重要だと提言する。他人に病気をうつすリスクをきちんと認識すれば、メディアの恐怖報道にあおられることなく、自分で判断できるというわけだ。

　つまり「自粛と強制」の議論は、「民権と国権」の議論に置き換えられるかもしれない。

　トランプ政権を窮地に追い込むミネソタ州の白人警官による黒人男性暴行殺害事件。全米の主要都市で連日くりひろげられた黒人差別抗議の大規模なデモは、非暴力を掲げ、アメリカ民主主義の底力を見せつけた。しかし日本で発生した「自粛警察」は、本来的な民権主義とはかなり違った様相だ。その心情は、以下のようなものだろう。

　自分は自粛して国策に協力している。同調しない者は「他人に迷惑をかけない」という倫理観に欠ける――。

　一見他者への思いやりにあふれた行為に見える「自粛警察」だが、実際には孤独な人たちが匿名で行う国権を盾にした陰湿な暴力行為でしかない。

　国権は、国家権力であり最終的には警察権、国防権という「力の原理」を背景にした統治ないし支配権である。国際紛争の最終的解決を武力によっておこなう原理だ。

　民権は、国権も犯すことのできない国民の基本的人権であり、これは人間存在そのもの「生命の原理」を背景にした生存権である。当然のように「非暴力原理」である。ロックダウンを求める国民の声に反して「自粛」を選択した日本政府は、「力の原理」を発動しなかったことになり、国権は民権にゆだねざるをえなかったのである。

エピローグ——「あるがまま」というゴルフの精神

ゴルフルールとコロナ自粛ルール

「自粛」とは、自分の行いを「粛（つつしむ）」ことである。

とすると、ゴルフゲームは「自粛のゲーム」そのものではないか。

明文化された世界最古のゴルフルールは、

「ひとつのボールをあるがままに打つ」

というだけのルールをまとめた13条しかないシンプルなもので、すべては「自から粛しむ」にまかせている。18世紀半ば、オナラブル・カンパニー・オブ・エジンバラ・ゴルファーズ＊で決められたものだ。

ひとつのボールをあるがままに打つ原則は、現在に至るまで厳粛に守られている。

しかし、19世紀末、ゴルフがアメリカに渡ると、13条しかなかったルールにさまざまな事例を集積、やがては５００ページを超える裁定集になってしまった。裁定集には、明文化していない何百もの「隠された規則」が段階的にあることになってしまった。

＊1744年、のちのミュアフィールドの前身として設立されたクラブ。

シンプルな「自らつつしむ」ゲームだったものが、ルール・ブックに記された細かな規則を相互監視あるいは「裁定」する競技委員や「レフェリー」を必要とするようになっていった。本来、法律などとはもっとも遠い紳士のゲームであるはずなのに、あたかも、法律が「自然法」から、あらゆる事例を細かに条文化する「実定法」に変わっていったのと同じ過程をたどったのである。

よく弁護士さんだから、ゴルフルールも詳しいでしょう、と言われることがある。

法律家は六法全書を暗記していると思いこんでいる人が多いけれど、全然そんなことはない。司法試験の時は、少しは条文を覚えたけれど、試験が終われば、暗記した知識などすぐ忘れてしまうのだ。

弁護士になって実務の世界に入ると、確かあの辺にこんな条文があったというくらいで、結構大まかに仕事ができたりする。いわゆるリーガルマインドと言って、世の中の出来事について法律的に頭を柔らかく回転させればいいのだ。すべてのことが六法（憲法、民法、刑法、商法、民事訴訟法、刑事訴訟法）３１７４条に書いてあるわけではないから、裁判では「信義則」をめぐって大論争をしたりする。

とどのつまりが、世の中あるいは人間における信頼と正しいおこないという常識が法の中核を担っているわけだから、最後の詰めはその条文の奥にある「法の精神」の世界での戦いになる。

そんな私のことだ。せっかく法律から離れて、自然のなかでゴルフの神様に見守られてプレーをしているのに、ゴルフルールを法律家として論じるなど、もってのほかとばかりに、さぼっていたのだ。ゴルフルールを議論していくと、どうしても法律の抜け穴を探すのと同じ発想になる。

それでは仕事の延長になってしまう。もっと言うと、自分を有利にするためにゴルフルールを解釈していくのは、「あるがまま」というゴルフの基本原則に矛盾するような気がして、エネルギーがわかないのだ。

　でも、多少競技ゴルフの世界をのぞきはじめてから、ゴルフルールを知らないと困ることがわかった。知らないと、それで予選落ちしたり、また根拠のないクレームにきちんと反論できず、その結果、精神的に動揺してスコアを崩したりする。

　最近でも、新ルールでペナルティがなくなったアプローチの2度打ちを1ペナで申告したり、ラテラルウォーターハザード（池や小川、排水溝など。２０１９年改正ルールでは、ペナルティ・エリアと呼ぶことに変わった）をこえたことが確認できているときに、暫定球を打ってしまい、ラテラルの処理ができなくなったことがある。

　ところが、アマチュアゴルフの頂点を極めた中部銀次郎さんは、競技でもカジュアルウォーター（にわか雨で出現した水たまりに止まった球は動かして打っていい）からの救済を受けなかったという。

　直接本人から聞くことはできなかったが、「お助けルール」などいらないというのだろう。そうはいっても、バンカーで完全にボールが水没していたら、さすがの中部さんも救済を受けたのではないだろうか。要はスタンスをとるところに多少水がしみ出しているくらいで、ライを良くしようとする気持ちを封じた方が、全体としては結果が良くなるということを言いたかったのだろう。

ゴルフルールの大原則、「あるがままに」の精神がここにある。「ライ」について原文は、play the ball as it lies.（プレイ・ザ・ボール・アズ・イット・ライズ）「1つのボールをあるがまま」打っていくというゴルフの原則を貫くのは結構厳しいものだ。つまり、コロナをあるがまま受け入れながら、自粛を貫くのは簡単ではない選択なのだ。

ゴルフ精神の再確認

それから長い年月を経た２０１９年、お堅いはずの英国ゴルフ協会（Ｒ＆Ａ）は、規則の大改定に踏み切った。

背景には、若者の世界的なゴルフ離れがあり、危機感をもったＲ＆Ａと全米ゴルフ協会（ＵＳＧＡ）は合同でゴルフ規則の近代化を目指した。「近代化」は難解複雑な規則を簡単明瞭にすることで、ゴルフの基本原則と特徴を維持しながら、すべてのゴルファーを対象にわかりやすく、シンプルで公正で平易なスタイルに変えようとした。

ところが、その過程でゴルフ規則の冒頭第1章にあった「エチケット」の項目が削除された。そこには「ゴルフの精神」という副題のもと、格調高い文章があったのだが。

「ゴルフはほとんどの場合レフェリーの立ち会いなしに行われる。また、ゴルフゲームは、プレーヤーの一人ひとりが他のプレーヤーに対しても気配りをし、ゴルフ規則を守ってプレーするというその誠実さに頼っている。プレーヤーはみな、どのように競い合っているときでもそのようなことに関係なく、礼儀正しさとスポーツマンシップを常に示しながら洗練されたマナーで立ちふるまうべきである。これこそが正に、ゴルフの精神（傍点筆者）なのである。」

というものだ。要するに、皆がゴルフを最大限に楽しむには、コース上にいる「他の人に対しても常に心をくばる」のがゴルフの精神だというのだ。

それが新ルールでは、「ゲーム・プレイヤーの行動・規則」という副題のもとこうなった。

プレイヤーに対し、このゲームの主要規則を次のように説明する。

① コースはあるがままにプレーし、球はあるがままにプレーする。

② 規則に従い、「ゲームの精神」（傍点筆者）の下でプレーする。

③ 規則に違反した場合、潜在的な利益を得ることがないように自分自身罰を適用する責任がある。

この文言からわかるように、エチケットやマナーという言葉が消え、哲学的な表現もなくなって簡単明瞭になっている。これによりゴルフの思想的価値が削られたと嘆くゴルファーは少なくないが、R&Aは本当にゴルフの魂を削り落としてしまったのだろうか？

そこで筆者は、新旧のルールを翻訳された日本語ではなく英語で確認してみた。すると、驚くべきことに原文では、

The Spirit of the Game

と新旧ルール上ともに明記されていた。なんのことはない、原文はゴルフと言わず「ゲーム」といっているのだ。新ルールの日本語訳文では、「ゴルフの精神」を原文どおり「ゲームの精神」

に変更したことがわかった。

　そして新ルールのプレーヤーの行動基準では、すべてのプレーヤーに期待される行動として、「ゲームの精神」の下でのプレーが「誠実（正直）なこと」、「他の人に配慮を示すこと」、「コースの保護」、というように具体的に例示されている。

　また「ゲームの精神」に反する行動には、重大な非行として失格もありうることになった。

　であれば日本語訳は変わっても、ゴルフルールから「ゴルフの精神」がなくなったわけではなく、むしろこの精神に反すると失格もあるほど重要なものとして生きていると理解していい。

ゴルフの精神で乗り越えよう

　ここで私は提案したい。コロナ禍で人心が荒廃する中、「ゴルフの精神」を追求して新時代に向かおうではないか、と。

　同じフィールド（社会）に立って、互いに感染のリスクを感じている者同士、他人への思いやりと配慮が不可欠だ。その気持ちさえあれば、「自粛」しにくい事情がある他人を攻撃する気持ちを抑制できるはずだ。

　米ミネソタ州の警官が黒人男性ジョージ・フロイド氏を殺害した行為に抗議するデモは、トランプの軍による鎮圧発言もあり、アメリカ全土に広がった。店舗や車を破壊するなど、暴徒化の兆しがある一方で、被害者の弟テレンス氏が事件発生現場で、デモ参加者に対し暴徒化しないよう訴えた映像は感動的だ。

暴力より、人間力である英知を使って物事を解決することが何よりだ。非暴力主義を侮ってはいけない。それは意外に力を持っている。アイルランドのテロ紛争を解決したジョン・ヒュームの非暴力主義は、４章でとりあげた。「暴力をやめて投票を」という訴えが、誰もが解決をあきらめる宗教対立によるテロでさえも食い止めたのだ。人間には、英知という人間力があるのだ。

ゴルフの世界は、英知を鍛える。闘いの場においても相手を思いやり、フェアプレーの精神で非暴力の闘いを継続することを尊ぶ世界なのだ。

マスターズの神様

コロナ禍の２０２１年４月12日朝、松山英樹がマスターズに優勝した瞬間をテレビで見ていた。中継アナの小笠原亘、解説者中嶋常幸、宮里優作プロが放送席で泣いていた。こんな光景は２度と見られないだろう。

長いこと、日本のゴルフ界は、世界のメジャートーナメントでは勝てないのではないか、という懸念の中にいたのだが、２０１１年、初出場のオーガスタナショナルでアマチュア世界一になる男が現れた。松山英樹19歳だった。

奇しくもこの年、R・マキロイ22歳が初日からトップに立ち、最終日もフロントナイン（１～９番まで）では誰しも彼の初勝利を疑わなかった。しかし、オーガスタの最終日バックナイン

（10～18番）には魔物が棲むという。マキロイが10番から大崩れした悲しいくらいのリーダーボードをしっかり見ていたことが、10年後の松山の勝利に結びついたと思う。

たまたま私はその年、「日本選手が世界で通用する日は来るのか」とのテーマで、ＪＧＪＡ（日本ゴルフジャーナリスト協会）新年会で講演を行い、その講演から書き下ろした記事に松山の可能性について触れていた。

それから10年。絶対に壊れることがないと思われていたベルリンの壁が、たくさんの犠牲を払いつつつくられていった大きな人々のうねりによって崩壊したように、日本のゴルフ界の多くの人の思いが世界の壁を破った、そんな感激に襲われたのだ。

松山は派手な選手ではない。彼自身「野球やテニスでは日本人も世界のトップに立ちつつあるのに、なぜゴルフだけが……」という思いで、黙々と体を鍛え、ほかのプロより遅くまで練習し、コーチやト

2011年オーガスタにて、松山英樹（左）と石川遼

レーナーを付けずに自力で壁に挑んだ。そんな頑固さやふてぶてしさが一部で誤解を招いたかもしれないが、みんな黙って見守っていたのだ。

世界一のプライベート・ゴルフコンペは何か、ゴルフ好きな人なら知っているはず。それはジョージア州オーガスタ・ナショナルで毎年開催されるマスターズ。

このコースは、アマチュアの球聖ボビー・ジョーンズと英国から西海岸にわたってきたアリスター・マッケンジーが創った。ボビー・ジョーンズは、グランドスラム*達成の翌年、28歳で現役リタイアして弁護士を開業したのだが、１９３４年からオーガスタ・ナショナルでゴルフコンペを開催。いまや世界一のメジャートーナメントに成長している。

松山には、大先輩のスティーブ・ストリッカーや１つ年下のジョーダン・スピースが気軽に声をかけている。

世界のトップグループと肩を並べる松山の人間的成長は、人間力となってチームを形成する段階へ進んだ。

目澤秀憲コーチ、ツアーレップとして宮野敏一さん、飯田光輝トレーナー、早藤将太キャディ、そして通訳のボブ・ターナーさんと、チーム全員のポテンシャルが引き出され、松山の２０２１年マスターズ優勝を引き出した。

松山がホールアウトした後、早藤キャディがコースに向かって、帽子を取り一礼したその先に

*世界の４大メジャー・トーナメントを同一年に勝利すること。

は、時空を超えてオーガスタ・ナショナルの神様ボビー・ジョーンズがいたのだ。

Play the course as you find it　コースはあるがままにプレーし、
and play the ball as it lies.　球はあるがままにプレーする。

21世紀の今日に起きている近代資本主義システムの終焉について記してきたが、実定法から自然法への変換、それがゴルフ・ゲームの精神に一致するとは思ってもみなかった。

コロナによって実定法にがんじがらめの日本政府は、敗戦をくり返しつづけた。

それを目の当たりにして私たちは、自然法の世界へと軸足を移した。

このゲームは、天にいて、私たちゴルファーを見守っているゴルフの神様ボビー・ジョーンズが見てくれている、楽しいけれど厳しいゲームなのだ。

さあ、1回限りの人生、真・善・美を求めて、最後まであきらめず、思う存分生き抜こう！

あとがきに代えて

この本は、雑誌『ＧＥＷ（ゴルフ用品界）』に、２０１８年7月号から2年にわたって連載した「ゴルフ文化産業論」を、他のゴルフに関する小文と合わせて1冊にまとめたものである。

まとめるにあたっては、今もなおたくさんの本を読み魅力的な本を創ることを長年やってこられた3人の方々に、ご意見ご指導をいただいた。

おひとり目は、ゴルフ用品界ＧＥＷ社長片山哲郎さんだ。父上とは千代田区六番町のゴルフ・ギャラリー（角田さん）で時々お会いしていたが、哲郎さんの時代になり、ゴルフ業界以外のメジャーな企業からも注目される媒体になった。

片山さんは、「文化」と「産業」という、一見、二律背反のことばを、ゴルフを題材にして融合できないかと考えて、私を訪ねてこられた。そして、ふたりで知恵を出しあって浮かんだのが「ゴルフ文化産業論」というフレーズである。

連載にあたってその片山さんと共有した問題意識があった。それは、「世界の3大借金国（アメリカ、中国、日本）の債務総額がふくれあがるなか、「成長神話」に基づく「現行資本主義の終焉は近い」というものだった。

おふたり目は、「中学生の教科書」以来のお付き合い、旧四谷ラウンドの田中清行さん。いつも私のつたない文章に適切なアドバイスをしてくれるご意見番。遠洋漁業を経験したり、選挙にも出たりするが、文章に切れのある作家さんたちを集めて大人も読める「中学生の教科書」を出版してしまう、私の大好きな人。

その田中さん行きつけの四谷にある小さなお店で合流した小池信雄さんが３人目。大手出版社で数々の本を編集してきた小池さんは、今は私と同じゴルフ村季美の森の住人として、村のレストランや季美の森米つくりもやっている。このおふたり、本の編集プロどうし、お酒が入ると止まらない有名作家さんたちの裏話。

そんな盛り上がりで出版することになってしまったこの本。ベースは、25ヵ月に渡った連載だが、毎月片山さんから出る宿題に応えているうち、先が見えなかった方向性が偶然見えてきたものだ。

不幸中の幸いとでも言うべきか、２０２０年からのコロナ禍ではっきり方向性が見えてきたので、２０２０年7月、第25回を最終回として、私なりの「ゴルフ文化産業論」の結論を出すことができた。

それは、この本の副題のとおり「自然へ帰ろう」——。

ずいぶんおおまかな言い方かもしれないが、具体的な意味としては23章でふれた「実定法から自然法へ」を踏まえている。

言い換えると、コロナ禍以降、私たちが地球を守り生き延びるには、人間の英知がもっとも発揮されやすい、真・善・美の世界に帰るという意味で、自然に帰るしかないのだ。

法哲学もろくに勉強していない私がこんなテーマを書くのは、本来無理なのだが、実際に闘って来たフィールドがゴルフ場という戦場だったため、私にはハゲタカ外資ゴールドマン・サックスほか強欲資本主義・新自由主義の権化のような連中に対抗できる理論と実践が必要だった。

実践の方は、ゴルフ大好き人間の私はゴルフ場をめぐる法律関係やゴルフ場会員の利害や気持ちも理解できるので、団結とあきらめないことというシンプルな旗印を立てることでなんとかなった。

もう一方の理論の方は簡単ではなかった。でも必要性を感じ問題意識を強く持っていれば、情報を集め参考文献を読むと少しずつわかってくる。世界中いいゴルフ場を求めて回っていると、地球の裏側の島々で、人間の英知を結集することで自分たちが想像もしてなかった奇跡が、起きていたことがわかってくる。日本の島国での決まりきった常識論になれた私には、すごく新鮮なことであった。

そんなことを勉強しながら書いているうち、予想もしなかったコロナ禍の来襲だ。グローバルな活動が止まらない地球上で、強欲資本主義を放置したら地球は終わるというリスクを、NHKも理解したのだろう。2021年1月、4回にわたり、コロナ後の新しい世界を展望してか、世界の名著としてマルクスの『資本論』を取り上げた。

紹介したのは、世界的にマルクス文献の再評価で注目度の高い経済思想研究家斎藤幸平さん（1987年生まれ、34歳）。まだ学者としては若い彼が、「コモンの再生」と3・5%のイノベーター理論（3・5%の少数派でも、それぞれが持ち場で本気で頑張れば、世の中を変えていける）

を訴えていたのだ。

40歳も年下の彼が私と似た話（私は2・5%のイノベーターたちは、3人の献身的な活動からはじまることを強調したが）をしているではないか（『人新世の資本論』（集英社新書　2020年）。

世代を超えても、私の問題意識は間違ってなかったことがわかって、うれしかった。

斎藤さんの、SDGsなどはまやかしだ、経済成長と称して「カネだけ、今だけ、自分だけ」を許容するような資本主義を維持していては地球環境は破滅するという指摘は、厳しいものだ。

でも私のテーマ、「資本主義の終焉」にとっては、最高の裏づけになってくれる本だ。

今回、「ゴルフ文化産業論」というテーマについての考察というGEW片山社長の宿題に対する私の結論は、資本主義の全否定ではなく、そこに「寛容」「融和」「思想」「美意識」等を入れ込んで、新たな世界観を提示するものとなったのではないか。

その意味で、コロナ禍は、単なるヒューマニズムを旗印にした闘いから「自然法」という、人間たちがリベラルアーツとしてギリシャ時代から承継してきた原理に戻って、闘いを再構築しないといけないことを人類に教えてくれたのだ。

そして自然法的発想は、ゴルフの原点である「あるがまま」に通ずる。

そう、誰も見ていないと思っても、ゴルフの神様は空の上からいつも見ているのだ。

だからゴルフの精神に則り、同じフィールドにいる人たちへの配慮を忘れず、フェアプレーの精神で、人間たちは生きていかないと……。

確かに、ゴールドマン・サックスが会社の目標のトップにSDGsを掲げているなんて笑うしかない世界――。

最後に、私の住む千葉県のゴルフ場は面白いことになっている。アコーディアやPGMなど安い料金で誘客するゴルフ場が、コロナ禍によるゴルフ人気で満員なのは当然だが、いくつか本書と関係あるゴルフ場にふれておく。

坂征郎さんが企画した「ゴルフ&コミュニティ、ブリック&ウッド」は、働く女性たちと欧州系ゴルファーに好かれている。週5日東京で仕事をこなす彼女たちは週末ゴルフ場敷地内に購入したおしゃれな住宅に泊り込み、ゴルフと友人とのおしゃべり・情報交換三昧。入会者の40%が女性だそうだ。

また八街市にある「千葉バーディGC」を十数年ぶりに訪れると、周辺の雰囲気が一変していた。ゴルフ場のまわりの土地を数十万坪購入して、一大リゾートタウンを建設中であった。オーナーのユニマットは、沖縄の宮古、石垣の島々にも大リゾートを建設中。オーナー会長の最後の夢は、千葉県にも大リゾートをつくること。おそらく大美術館も建設することだろう。

さらには、孫正義さんのような資金豊富な人たちが、東京に近い千葉県に個人所有ゴルフ場を創りはじめているという情報も複数ある。

そのような方々が、未来のタイガー・ウッズや松山英樹の育成にも貢献してくれれば、少しは日本のゴルフのレベルも上がっていくと思うこのごろだ。

――と、「あとがきに代えて」の文章を考えているまっただなか、日本の若い女子プロゴルファー2人（笹生優花、畑岡奈紗）が、全米女子オープンでなんと、日本人同士のプレーオフを闘い、華麗なバーディー決着を見せてくれるなんて！

さらに、２０２０東京オリンピック男子ゴルフも、銅メダルをめぐり7人のプレーオフなど盛り上がった形となったが、「ゴルフの精神」という観点からみると、女子ゴルフのほうが興味深いものがあった。

女子の最終日最終組の2人、優勝したアメリカのネリー・コルダと3位のリディア・コ（ニュージーランド）は、若年ながら、ゴルフ精神をきちんと理解している雰囲気にあふれていた。

優勝者コルダは、2日目、12アンダーという50台のスコアを狙い最終ホールで「かわいらしい」ダブルボギーを打ったあと、素直に「ゴルフは謙虚さが必要」とコメントしていた。3位になったリディア・コは、前回メダルをとっていたことで余裕があったせいか、プレー中常に同じ組で回るプロたちをリスペクトしている姿勢が見受けられた。

例年にないような暑さの中の激闘であっても、コンペティターに対する思いやりにあふれた彼女たちの姿勢は、他の種目のスポーツ選手にショックを与えたようだった。解説をしていた格闘技系の女子選手からは、自分たちには全くない発想で勉強になったというコメントがあったくらいだ。つまり、ゴルフを見直すきっかけになったというわけである。

格闘技では、そんなことを言ったり感じてはいられないのだろうが、まだ23歳24歳のトップ女子プロたちがそのような発言や行動をできることは、紳士のゲームであるゴルフのすばらしさを証明してくれたと思う。

リオにつづく2大会連続メダルを獲得したリディア・コの優勝者へのコメントは、世界1位でオリンピックを戦うことの難しさを示して、「プレッシャーや期待」を「乗り越えて金メダルを勝ち取ったことは、彼女がどんな選手かを表していると思う」と。

ちなみに、最終組の飛ばないインド選手アショク（世界ランク２００位）も素晴らしかった。飛ばなくても黙々と寄せて入れてくるのだ。飛ばなくなったおじさんたちは感心しきり。

その中にきちんと割って入り銀メダルを獲得した稲見萌寧も立派というほかない。

やっぱり、「されどゴルフ」なのだ。

２０２1年初秋

ゴルフ場の見える季美の森の拙宅にて

西村國彦

ゴルフ史年表（西村國彦制作）

★著者プレーコース　◎著者取材コース

西暦	1990	1991	1992			1993
ゴルフ場数(NGK)	1,818	1,926	2,028			2,127
ゴルフ場延利用者数(千人)(NGK)	95,193	98,809	102,325			99,364
ゴルフ場倒産件数負債総額(椿ゴルフ)	データなし	2件 4066億円	3件 1626億円			6件 04億円
和暦・月	H2・2月	H3・夏	H4・5・20	H4・9・3	H4	・5・19
ゴルフ界（一季出版ゴルフ特信より）【西村関与事件】（椿ゴルフ）	関東会員権ピーク 平均4388・3万円	茨城CC事件 社会問題化	会員契約適正化法成立・公布	浜野GC 大栄鑑定時価321億4600万円と算定	【株式会社K・S・G破産（東相模GC）】	会員契約適正化法施行
ゴルフ界情報			太平洋C ペブルビーチGL購入			
西村の旅						
全米OP開催コース(優勝者)	メダイナNO・3（H・アーウィン）	ヘーゼルタインナショナル（P・スチュワート）	ペブルビーチGL★（T・カイト）			バルタスロル・ロアー★
マスターズ優勝者	N・ファルド	I・ウーズナム	F・カプルス			B・ランガ
全英OP開催コース(優勝者)	セント・アンドリュース・オールド★（N・ファルド）	Rバークデール★（I・ベーカーフィンチ）	ミュアフィールド★（N・ファルド）			ロイヤルセントジョージズ◎
全米プロ開催コース(優勝者)	ショールクリーク（W・グラディ）	クルックトスティック（J・デーリー）	ベルリーブ（N・プライス）			インヴァネス
社会ニュース	1月トリプル安 3月総量規制 バブル崩壊	湾岸戦争 冷戦終結	佐川献金疑惑			細川連立内閣発

1999	1998		1997		1996	1995	1994
2,421	2,404		2,370		2,340	2,273	2,200
93,228	96,032		100,529		99,651	97,512	97,833
27件 6416億円	11件 5094億円		9件 4501億円		4件 1216億円	6件 2120億円	3件 237億
H11/3	H10/7.3	H10/2.18	H9/12	H9/11	H8	H7	H6・3
【東相模ゴルフクラブメンバー（あさひ銀行子会社）株式会社アレスと基本合意】【日東興業 和議認可決定（3・10）】	【日東興業 和議開始】	浜野GC 日本不動産研究所鑑定 149億9468万円	【日東興業 和議申請】				大阪地裁湯の郷GC事件：商法26条1項
				経産省：預託金10兆円			
米国西海岸サンフランシスコ、オリムピックほか 計10コース	米国西海岸ペブル、サイプレス、LA、リビエラほか計8コース						
パインハーストリゾートNO.2★（P・スチュワート）	オリンピッククラブ・レイク★（L・ジャンセン）		コングレッショナル・ブルー（E・エルス）		オークランドヒルズ・サウス（S・ジョーンズ）	シネコックヒルズ★（C・ペイビン）	★（E・エルス）
J・M・オラサバル	M・オメーラ		T・ウッズ		N・ファルド	B・クレンショー	[illegible]バル
カーヌスティGL・チャンピオンシップ★（P・ローリー）	Rバークデール★（M・オメーラ）		Rトゥルーン・オールド★（J・レナード）		Rリザム&セントアンズ★（T・レーマン）	セント・アンドリュース・オールド★（J・デイリー）	（N・プライス）
メダイナNO.3（T・ウッズ）	サハリー（B・シン）		ウィングトフット・ウエスト★（D・ラブ3世）		バルハラ（M・ブルックス）	リビエラ★（S・エルキントン）	[illegible]
4月RCC発足 東海村臨界事故 ユーロ導入 情報公開法	長野オリンピック 国鉄清算事業団を廃止 長銀破綻（国有化）		金融危機 香港返還 山一証券・北海道拓殖銀行破綻 消費税5%に改訂 山一証券自主廃業		O・157 住専処理法	阪神大震災 地下鉄サリン事件	戦[illegible]

西暦	ゴルフ場数（NGK）	ゴルフ場延利用者数（千人）（NGK）	ゴルフ場倒産件数負債総額（椿ゴルフ）	和暦・月	ゴルフ界（一季出版ゴルフ特信より）【西村関与事件】（椿ゴルフ）	ゴルフ界情報	西村の旅	全米OP開催コース（優勝者）	マスターズ優勝者	全英OP開催コース（優勝者）	全米プロ開催コース（優勝者）	社会ニュース
2000	2,443	90,000	25件 12076億円	H12			米国西海岸10コース	ペブルビーチGL★（T・ウッズ）	B・シン	セント・アンドリュース・オールド★（T・ウッズ）	バルハラ（T・ウッズ）	長銀新生銀行に民事再生法施行、7月そごう民事再生申立
2001	2,452	90,175	57件 14464億円	H13	【美野里GCで太平洋クラブ更生スポンサーに】浜野GC中西鑑定45億4500万円	太平洋C御殿場コースにてタイガー奇跡のチップインイーグル	シネコック、ナショナルGLほかNY周辺 計9コース、西海岸5コース	サザンヒルズCC（L・グーセン）	T・ウッズ	Rリザム&セントアンズ★（D・デュバル）	アトランタアスレチック★（D・トムズ）	小泉内閣の発足 アメリカ同時多発テロ事件（9・11）
				H13/3.10	RCCが大宝塚GCの会社更生法申立 清川CC更生法手続開始決定							
2002	2,460	88,409	98件 30239億円	H14.1	バブル崩壊後の法的整理ゴルフ場企業153社で負債5兆6千億円	NGKコース数ピーク2460 破綻件数98 破綻コース135 負債総額3・2兆円	ジョージア州イーストレイク、アトランタアスレチック、オーガスタCCほか 計15コース	ベスページ・ブラック★（T・ウッズ）	T・ウッズ	ミュアフィールド★（E・エルス）	ヘーゼルタイン ナショナル（R・ビーム）	ペイオフ解禁、ワールドカップ日韓大会、日朝首脳会談
				H14.2	大宝塚GCに更生法開始決定 スポーツ振興グループ18社が更生法申請							
				H14/7/22	日東興業　再生手続開始							
				H14.10	STT開発再生法申請、負債は最大の4022億円							

	2006	2005	2004	2003
	2,442	2,446	2,453	2,457
	88,235	86,046	85,307	88,376
	52件 5781億円	71件 14004億円	82件 19239億円	80件 20192億円
	H18 法的整理ゴルフ場既設631コースで全都道府県に アコーディア・ゴルフ11月1日東証一部上場へ H18/4.25 浜野GC 更生計画案成立	H17 11月最高裁判決、浜野GCへの抵当権等は無効に 12月LSグループのPGGIH上場へ H17/1 アコーディア24コース年会費値上げ	H16/11 外資系のゴルフ場187コースに H16/1 【大洋緑化株式会社（京カントリークラブほか）：会社更生申立代理人】	H15/ 6月法的整理件数、全国既設の16%に 7月清川 LS排除し更生計画案成立 H15/2 浜野GC 会社更生手続開始
			経産省：預託金残5.7兆円	
	ベイヒル、パインバレー 米計12コース アイルランド・スコットランド・英国計21コース	パインハースト、パインバレー、バルタスロルほか 米計11コース グレンイーグル、ロイヤルドーノックほか 英計12コース	ベントツリーなどダラス計5コース セーラムなどボストン計6コース ニューポート、イエール他NY周辺8コース	東海岸メリオンほか計11コース
	◎ウイングトフット。ウエスト★（J・オギルビー）	パインハーストリゾートNO・2★（M・キャンベル）	シネコックヒルズ★（L・グーセン）	オリンピアフィールズ（J・フューリク）
	P◎・ミケルソン	T◎・ウッズ	P・ミケルソン	M・ウイア
	Rリバプール★（ホイレイク）（T・ウッズ）	◎セント・アンドリュース・オールド★（T・ウッズ）	Rトゥルーン・オールド★（T・ハミルトン）	Rセントジョージズ◎（B・カーティス）
	メダイナNO・3（T・ウッズ）	バルタスロル・ロアー★（P・ミケルソン）	ウイッスリング・ストレイツ◎（B・シン）	オークヒル（S・ミキール）
	第1次安倍内閣発足 2002年1月からの景気拡大がいざなぎ景気を抜く、ライブドアショック	改正破産法施行、個人情報保護法施行、中国人民元初の切り上げ、郵政解散自民党大勝 アイルランドIRA武装解除	年金未納問題 新潟県中越地震	改正会社更生法施行、イラク戦争勃発、個人情報保護法成立

西暦	2007			2008	2009
ゴルフ場数(NGK)	2,442			2,442	2,445
ゴルフ場延利用者数(千人)(NGK)	89,020			90,786	91,642
ゴルフ場倒産件数負債総額(椿ゴルフ)	41件 6199億円			30件 3949億円	26件 2656億円
和暦・月	H19/1	H19/3	H19/4	H20/12	H21
ゴルフ界（一季出版ゴルフ特信より）【西村関与事件】（椿ゴルフ）	西武3コースを141億円で売却（おおむらさき100億円評価）		バブル以降の法的整理694コースに H18年ゴルフ場価格1コース平均約15億円で前年の1.5倍に	H20年ゴルフ場法的整理、12月中旬段階で28件、30コース	4月　H20年度ゴルフ場売買価格、約4割下落 5月　外資系ゴルフ場全国計で311コース 11月　ゴルフ場の価格さらに下がる 12月　会員中心の再建事例、全国で26コース
ゴルフ界情報		太平洋C、東急と「戦略的事業提携」持株会社を設立			
西村の旅	イーストレイク、ピーチツリー　ジョージア5コース　西海岸6コース			フロリダ2コース ジョージア3コース	ピーチツリー、イーストレイク、クスコヴィラ　ジョージア 計5コース
全米OP開催コース（優勝者）	◎オークモント◎★（A・カブレラ）			トーリーパインズ・サウス（T・ウッズ）	ベスページ・ブラック★（L・グローバー）
マスターズ優勝者	◎Z・ジョンソン			◎T・イメルマン	A◎・カブレラ
全英OP開催コース（優勝者）	カーヌスティG　L・チャンピオンシップ★（P・ハリントン）			Rバークデール★（P・ハリントン）	ターンベリー・アイルサ★（S・シンク）
全米プロ開催コース（優勝者）	サザンヒルズ（T・ウッズ）			オークランドヒルズ（P・ハリントン）	ヘーゼルタインナショナル（Y　Eヤン）
社会ニュース	参議院で民主党大勝、福田康夫内閣発足、サブプライムローン問題（世界金融危機）発生 アイルランド世界5位の金持ち国			麻生内閣発足、米国リーマンブラザーズ経営破綻、アイスランドも破綻	米国大統領にオバマ氏就任、米GM経営破綻、衆院選民主党圧勝し政権交代 鳩山由紀夫内閣発足 アイスランド国

2012	2,405	86,745	26件 3110億円	H24	4月 アコーディアスキャンダル発覚! 11月16日 PGMはアコーディア株のTOBを発表 関東会員権大底 平均1874万円	1月 太平洋C、民事再生申立 7月18日 同再生計画案が付議決定 10月 同再生計画案否決、同会社更生保全管理命令	ザ・リバー	オリンピッククラブ・レイク★（W・シンプソン）	B・ワトソン◎	Rリザム&セントアンズ★（E・エルス）	キアワアイランド・リゾート（R・マキロイ）	東京スカイツリー竣工 消費税法の改正案が可決 衆議院解散総選挙自民党が大勝 第2次安倍内閣が発足
2011	2,413	84,327	26件 2085億円	H23	1月 アコーディアはGSグループとは決別 4月 アコーディア132コース保有トップ 11月 外資系ゴルフ場、日本企業化や売却で大幅減に 12月 平和によるPGMのTOB成立	太平洋C、桐明社長就任 夏以降スポンサー探しのポーズ	ライ	コングレッショナル・ブルー（R・マキロイ）	C・シュワルツェル◎ ローアマ 松山英樹	Rセントジョージズ◎（D・クラーク）	アトランタアスレチック★（K・ブラッドリー）	野田佳彦内閣発足 東日本大震災（3・11）と福島原発事故発生
2010	2,432	88,061	26件 1485億円	H22	売買価格、前年度のほぼ半額に 【南総CCに保全管理命令、更生手続開始決定】	太平洋C、極秘の分社化	ピーチツリー、クスコヴィラ、エリンヒルズ	L★（G・マクダウェル）	P・ミケルソン◎	リュース・オールド★（L・ウーストハウゼン）	グ・ストレイツ（M・カイマー）	主党が敗北、日本航空会社更生法適用

西暦	ゴルフ場数(NGK)	ゴルフ場延利用者数(千人)(NGK)	ゴルフ場倒産件数負債総額(椿ゴルフ)	和暦・月	ゴルフ界(一季出版ゴルフ特信より)【西村関与事件】(椿ゴルフ)	ゴルフ界情報	西村の旅	全米OP開催コース(優勝者)	マスターズ優勝者	全英OP開催コース(優勝者)	全米プロ開催コース(優勝者)	社会ニュース
2013	2,386	86,746	10件 672億円	H25	2月～3月 H25年3月までの1年間売買成立26コースの1コース平均約9億円、前年比2・5億円増 9月 太陽光発電事業へ転用が進むゴルフ場用地	太平洋C 5月スポンサー契約 10月30日更生計画認可 オバマさんに山田パター	LAノース、リビエラ ペリカンヒルほか	メリオン・イースト★ (J・ローズ)	A・スコット◎	ミュアフィールド★ (P・ミケルソン)	オークヒル (J・ダフナー)	日銀新総裁に黒田東彦氏 東京オリンピック開催決定
2014	2,336	86,505	13件 525億円	H26	5月 全国法的整理コース902、企業数にして725件 2014年3月時点	3月27日 太平洋C 東京地裁より更生手続終結決定 アコーディア 90コース 1100億円で売却	セント・アンドリュース新・旧、ウエントワース西、ロイヤルドーノック、カーヌスティGL、アユタヤ(タイ)ほか	パインハーストリゾートNO・2★ (M・カイマー)	◎ (B・ワトソン)	Rリバプール◎ (ホイレイク)★ (R・マキロイ)	バルハラ (R・マキロイ)	記録的大雪、消費税率8%スタート、衆院選自公圧勝
2015	2,317	87,753	17件 1,111億円	H27	全国法的整理コース 907 負債総額16兆円		オーストラリア、欧名門	チェンバーズ・ベイ (J・スピース)	J・スピース	セント・アンドリュース・オールド★ (Z・ジョンソン)	ウィスリング・ストレイツ◎ (J・デイ)	戦後70年 ギリシャショック
2016	2,282	85,780	16件 744億円	H28	全国法的整理コース 919		フロリダ、仏、オレゴン、スコットランド	オークモント★ (D・ジョンソン)	D・ウィレット	Rトゥルーン・オールド★ (H・ステンソン)	バルタスロル・ロアー★ (J・ウォーカー)	リオオリンピック
2017	2,257	85,538	9件 [illegible]29億円	H29	全国法的整理コース 933 売買コース [illegible]	トランプ大統領 霞ヶ関カンツリーで安倍首相・[illegible]	ハワイ島、カリブ海、英、オークモ[illegible]	エリンヒルズ★ (B・ケプカ)	S・ガルシア	★ Rバークデール	クエイル・ホロー	トランプ氏米大統領に就任 [illegible]

2018	2,248	84,87[illegible]	13件 539億[illegible]	H30	939 破綻コース 1009	ズ 太平洋C 御殿場コース全面改修	アイルランド	ズ★（B・ケプカ）	F・[illegible]	（F・モリナリ）	（B・ケプカ）	米朝[illegible]談
2019	2,227	85,969	6件 547億円	H31/R1	ゴルフ人口670万人 4月 2235コース 内営業中は 2174	全英女子オープン 渋野日向子優勝	ベトナム	ペブルビーチGL★（G・ウッドランド）	T・ウッズ	Rポートラッシュ（S・ローリー）	ベスページ・ブラック（B・ケプカ）	消費税率10%スタート
2020			4件 228億円	R2	ゴルフ人口570万人			ウイングトフット・ウエスト★（B・デシャンボー）	D・ジョンソン（11月開催）	新型コロナウイルス感染拡大のため中止	TPCハーディング・パーク（C・モリカワ）	新型コロナウイルス世界的大流行 菅義偉内閣発足
2021				R3	4月 2220コース中 全国営業中コース 2151	全米女子オープン 笹生優花優勝		トーリーパインズ・サウス（J・ラーム）	松山英樹 オーガスタ女子アマ 梶谷翼	Rセントジョーンズ（C・モリカワ）	キアワ・アイランド（P・ミケルソン）	バイデン氏大統領に就任 東京オリンピック
2022				R4				ザ・カントリークラブ		セント・アンドリュース・オールド★	トランプ・ナショナル（NJ）	
2023				R5				ロサンゼルス・カントリークラブ		Rリバプール★	オークヒル・カントリークラブ	

【参考文献一覧】

アンドリュー・ロス・ソーキン『リーマンショック・コンフィデンシャル〔上・下〕』株式会社早川書房・2010
小熊英二『社会を変えるには』・株式会社講談社・2012 年
ジェフリー・ムーア『キャズム』・株式会社翔泳社・2002 年
水野和夫『人々はなぜグローバル経済の本質を見誤るのか』
日本経済新聞出版社・2007 年
西川善文『ザ・ラストバンカー』講談社・2011 年
藻谷浩介『里山資本主義』株式会社 KADOKAWA・2013 年
瀬木比呂志『絶望の裁判所』株式会社講談社・2014 年
柴田敬三『売れない本にもドラマがある』株式会社ほんの木・2002 年
大塚和徳『世界ゴルフ見聞録（魅惑の 100 コース歴訪記）』
日本経済新聞出版社・2008 年
マイクル・バンバーガー『リンクスランドへ』朝日出版・1994 年
ゴルフ特信資料集『ゴルフ場企業　グループ 8 系列』
一季出版株式会社・2014 年ほか
高橋三千綱『クラブチャンピオン物語』（パーゴルフ・2005 年 6 月 14 日号から 5 回連載）
大西康之『起業の天才！　江副浩正 8 兆円企業リクルートをつくった男』
東洋経済新報社・2021 年
斎藤幸平『人新世の「資本論」』集英社・2020 年
内田樹『コモンの再生』株式会社文藝春秋・2020 年
山口周『世界のエリートはなぜ「美意識」を鍛えるのか？』光文社・2017 年
堤未果　『政府はもう嘘をつけない』角川書店・2016 年

【西村國彦著作】

『ゴルフ場再生への提言』八潮出版社・1999 年
『賢いゴルフ場　賢いゴルファーのための法戦略』現代人文社・2003 年
『平成ゴルファーの事件簿』現代人文社・2003 年
『ゴルフ場の法律に強くなる』ゴルフダイジェスト社・2007 年
『ゴルフオデッセイ　はにかみ弁護士の英米ゴルフ紀行』
武田ランダムハウスジャパン・2011 年
『書斎のゴルフ別冊　60 歳からの真剣ゴルフ　vol.3』～森守洋プロの新ダウンブローとフェースターンで飛距離が伸びた！～日本経済新聞出版社・2013 年
『ゴルフ場　そこは僕らの戦場だった』ほんの木・2015 年

西村國彦（にしむら　くにひこ）略歴

弁護士、ゴルフジャーナリスト

昭和 22 年（1947）6 月 17 日　東京都国立市生まれ
昭和 41 年（1966）3 月　桐朋高校卒業。　4 月　東京大学教養学部入学
昭和 47 年（1972）6 月　東京大学法学部第一類卒業
昭和 48 年（1973）9 月　司法試験、国家公務員上級試験合格
昭和 51 年（1976）4 月　東京弁護士会登録。明舟法律事務所入所
10 月　河合・竹内（現・さくら共同）法律事務所入所
昭和 55 年（1980）7 月　ＵＳＡダラスのインターナショナル・アンド・コンパラティブ・ロー・センターに短期留学
平成 8 年（1996）　日本ゴルフ関連団体協議会 会員権問題研究会委員
平成 9 年（1997）　通産省・会員権問題研究委員会委員
平成 10 年（1998）　NHK セミナー（ゴルフ特別セミナー）講師
平成 14 年（2002）　ゴルフダイジェスト社経営ゴルフセミナー講師、ＧＭセミナー講師、経済産業省ゴルフ場事業再生に関する検討会でレクチャー
平成 16 年（2004）　日本ゴルフ学会常務理事（国際交流担当委員長）就任
平成 17 年（2005）　日本ゴルフ学会 学会賞受賞、マスターズほかメジャートーナメント取材開始。月刊「ゴルフダイジェスト」にて「ゴルフの旅人」デビュー（後に連載開始）。
平成 18 年（2006）　月刊「ゴルフダイジェスト」にて、カバーストーリー「33 歳・独身男のマスターズ 1 週間」執筆。アルバトロス・ビューにて、「負けず嫌い弁護士のゴルフ備忘録」連載開始
平成 20 年（2008）12 月　元 RCC（整理回収機構）勤務の事業再生のスペシャリスト栗橋孝芳氏をアドバイザリースタッフとして迎える
平成 23 年（2011）　インタビュー記事が、弁護士ドットコムの特別企画『弁護士列伝』に掲載
平成 24 年（2012）　インタビュー記事「目指すは会員重視の太平洋クラブ再建」が、月刊ゴルフマネジメント 12 月号に掲載
平成 29 年（2017）　ゴルフ場セミナー 4 月号に「滋賀ＧＣから学ぶＤＩＰ型更生法への道」が掲載
平成 30 年（2018）　雑誌ＧＥＷ（ゴルフ用品界）7 月号より「闘う弁護士西村國彦のゴルフ文化産業論」の連載開始
平成 31 年（2019）　インタビュー記事「プロアマ問わずゴルファーの利益を守るべく、クラチャン弁護士は今日も戦う」がパーゴルフ +PLUS に掲載

事務所：さくら共同法律事務所
〒 160-0004　東京都新宿区四谷１－６－１四谷タワー 8F
ﾀﾞｲﾔﾙｲﾝ　03-6384-1123
FAX　03-6862-5003
E-mail　nishimura@sakuralaw.gr.jp

ゴルフ文化産業論
自然へ帰ろう

2021年10月20日　初版印刷
2021年10月30日　初版発行

著者　西村國彦

発行者　小池朝子
発行所　有限会社スタジオK
〒299-3241　千葉県大網白里市季美の森南2-37-7
電話　0475-51-1096
https：//www.studio-K

発売所　株式会社 河出書房新社
〒151-0051 東京都渋谷区千駄ヶ谷2-32-2
電話　03-3404-1201（営業）
https：//www.kawade.co.jp

装丁　畠山梅子
装画　畠山美希
本文組版　有限会社スタジオK
印刷・製本　株式会社亭有堂印刷所

Printed in Japan
ISBN978-4-309-92233-1